Mit Leichtigkeit zur Lebensfreude

Gabi Rimmele

Mit Leichtigkeit zur Lebensfreude

Patmos Verlag

VERLAGSGRUPPE PATMOS

PATMOS
ESCHBACH
GRÜNEWALD
THORBECKE
SCHWABEN
VER SACRUM

Die Verlagsgruppe

MIX
Papier | Fördert gute Waldnutzung
FSC® C083411

Klimaneutral
Druckprodukt
ClimatePartner.com/14549-2003-1001

Die Verlagsgruppe Patmos ist sich ihrer Verantwortung gegenüber unserer Umwelt bewusst. Wir folgen dem Prinzip der Nachhaltigkeit und streben den Einklang von wirtschaftlicher Entwicklung, sozialer Sicherheit und Erhaltung unserer natürlichen Lebensgrundlagen an. Näheres zur Nachhaltigkeitsstrategie der Verlagsgruppe Patmos auf unserer Website www.verlagsgruppe-patmos.de/nachhaltig-gut-leben

Bibliografische Information der Deutschen Nationalbibliothek
Die Deutsche Nationalbibliothek verzeichnet diese Publikation in der Deutschen Nationalbibliografie; detaillierte bibliografische Daten sind im Internet über http://dnb.d-nb.de abrufbar.

Verlagsgruppe Patmos in der Schwabenverlag AG, Ostfildern
www.verlagsgruppe-patmos.de

Umschlaggestaltung: Finken & Bumiller, Stuttgart
Umschlagabbildung: Sergiy Bykhunenko / Shutterstock
Gestaltung, Satz und Repro: Schwabenverlag AG, Ostfildern
Druck: CPI books GmbH, Leck
Hergestellt in Deutschland
ISBN 978-3-8436-1404-7

Inhalt

Einleitung

Ein glückliches und erfülltes Leben führen – wer möchte das nicht? Wir sehnen uns nach unkomplizierten, bereichernden Beziehungen, nach Zuwendung und Anerkennung, nach Lebensfreude und nach unbeschwerter Leichtigkeit. Aber das Leben macht es uns nicht immer leicht. Unsere alltägliche Realität ist manchmal beschwerlich, kompliziert und alles andere als einfach. Verdichtete Arbeitsprozesse und die Geschwindigkeit technischer und elektronischer Neuerungen verstärken den Druck, den wir mitunter spüren. Was können wir tun, um die Herausforderungen des Lebens gut zu bewältigen und ein zufriedenes und glückliches Leben zu leben?

Meine Perspektive ist die der Entrümpelungsberaterin. Seit 2012 begleite ich Menschen bei ihrem Prozess des Loslassens und auf ihrer Suche nach Leichtigkeit. Ebenfalls seit 2012 betreibe ich zusammen mit anderen Freiwilligen das Tauschmobil, eine Art Schenkladen auf Rädern: Mit einem Kleintransporter stehe ich jeden Samstag auf einem Wochenmarkt in Berlin-Prenzlauer Berg. Hier können Menschen Gegenstände, die sie selbst nicht mehr nutzen, verschenken und so den Dingen ein zweites Leben ermöglichen. Das Tauschmobil ist für viele ein Ort geworden, um das Loslassen ganz praktisch und unkompliziert einzuüben. Manchmal kommen wir dabei ins Gespräch und so erfahre ich Lebensgeschichten in ihren vielfältigen und überraschenden Besonderheiten.

Menschen, die bei mir Beratung suchen, kommen meist mit dem Wunsch zu mir, sich von äußerem Ballast zu befreien. Sie beginnen damit, sich mit ihrem Zuviel in der Wohnung auseinanderzusetzen und dieses zu sortieren und wegzugeben. Viele bemerken jedoch sehr schnell, dass es nicht nur um das Entrümpeln von Gegenständen geht, sondern dass auch emotionaler Ballast sie bedrückt und ihrem Glück im Weg steht. Sie leiden beispielsweise unter Beziehungen, die ihnen missglückt sind, oder darunter, dass sie wichtige Lebensziele nicht erreicht haben. Manche fühlen sich erdrückt unter dem Gewicht der Pflichten, die sie sich regelmäßig und unhinterfragt aufladen. Und manche tragen schwer an einem großen inneren Kritiker, der ihnen auf der Schulter sitzt und kein gutes Haar an ihnen lässt.

Und so widme ich den ersten Buchteil dem Loslassen: Indem Menschen loslassen, was sie unnötig beschwert, kann ihr Leben leichter werden. Es entsteht Raum zum Durchatmen und um sich neu auszurichten. Wie in meinen Beratungen beginne ich auch hier mit einem Blick auf unser materielles Zuviel. Wie viel brauchen wir wirklich, um ein glückliches Leben zu führen? Dann schaue ich weiter auf die Dynamik der sozialen Medien, die darauf ausgerichtet sind, uns rund um die Uhr zu beschäftigen. Wie können wir diese Medien selbstbestimmt und lustvoll nutzen, ohne dass sie unser Leben bestimmen? Ich beleuchte emotionale Themen, die viele Ratsuchenden belasten: Ein übertrieben ausgeprägtes Pflichtgefühl oder ein starkes perfektionistisches Ich sind oft der Grund dafür, dass sich Menschen regelmäßig überfordern. Wie können wir das übermäßige Pflichtgefühl loslassen oder dem Perfektionisten in uns Einhalt gebieten, sodass wir zur Ruhe kommen und das Leben mehr genießen können? Schließlich richte ich meinen Blick auf unerreichte Lebensziele. Ein Festhalten an Wünschen und Idealen, die sich nicht verwirklichen lassen, kann unsere Lebensenergie in einem Maß binden, dass es uns schwer ums Herz wird. Wie können wir unseren Frieden mit unserem Leben, wie es geworden ist, schließen und uns dem gegenwärtigen Leben öffnen?

Gelingt es uns, Belastungen loszulassen, schaffen wir uns Freiräume. Wir gewinnen äußeren Raum in unserer Wohnung und wir gewinnen Zeit. Zugleich vergrößern wir unseren inneren Raum, der uns ermöglicht, wieder neugierig auf das Leben zu sein, neue Perspektiven einzunehmen und unser Leben an der ein oder anderen Stelle umzugestalten. Haben wir uns Freiräume geschaffen, erkennen wir leichter, was wir selbst dazu beitragen können, dass unser Leben lebenswert wird. Und so ist der zweite Buchteil ein Strauß an Ideen, wie wir unser Leben selbst aktiv gestalten können, damit wir es als glücklich und erfüllend empfinden.

In dieses Buch sind Erkenntnisse aus meinen Beratungen, aus meinen Gesprächsabenden, die ich zum Thema Loslassen veranstalte, und aus den Gesprächen, die ich am Tauschmobil mit unzähligen Menschen geführt habe, eingeflossen. Es spiegelt zugleich meine eigene Lebensgeschichte und meine persönlichen Erfahrungen wider. Mein eigener Lernprozess wurde angestoßen und begleitet durch Menschen, die mir wohlwollend begegnet sind und durch die ich wiederum gelernt habe, mir selbst und anderen gegenüber wohlwollend zu sein. Und so endet dieses Buch mit einem Plädoyer für das Wohlwollen.

Teil I

Leichtigkeit durch bewusstes Loslassen

Ein Herzenswunsch vieler Menschen ist es, Leichtigkeit im Leben zu gewinnen: in Bezug auf die täglichen Anforderungen, den Kontakt mit anderen Menschen und in Bezug auf das, was sie besitzen.
Wir haben eine weitreichende Freiheit, unser Leben selbst zu gestalten, z.B. den Beruf frei zu wählen oder uns für unterschiedlichste Modelle einer Partnerschaft zu entscheiden. Diese Wahlfreiheit erfordert aber ein hohes Maß an Eigenverantwortlichkeit: Wir *müssen* uns permanent entscheiden, egal, ob wir das wollen oder nicht. Und es gibt noch eine weitere Kehrseite: Je mehr uns die Gesellschaft suggeriert, dass wir *alles* erreichen können, desto schwerer ist es, damit umzugehen, wenn wir unsere Ziele doch nicht verwirklichen können.
Wie können wir trotz ungelebter Möglichkeiten, verpasster Chancen und im ganz gewöhnlichen Alltag dennoch ein glückliches Leben führen und ein Gefühl von Leichtigkeit entwickeln?

Weniger Habenwollen, mehr Leben im Sein

»Kann ich hier etwas abgeben, ohne selbst etwas mitnehmen zu müssen?« Am Tauschmobil erlebe ich jeden Samstag, wie erleichtert viele Menschen sind, wenn sie ihre aussortierten Sachen abgeben können. Sie freuen sich, dass sie wieder mehr Platz in ihrer Wohnung haben, und sind dankbar, dass sie die Dinge nicht wegwerfen müssen, sondern hier verschenken können. Auch in meinen Beratungen und bei den Gesprächsabenden zum Thema »Leichtigkeit durch Loslassen« spüre ich regelmäßig, wie sehr ein Zuviel an Besitz Menschen überfordert und wie sehr sie sich nach mehr Raum, Klarheit, Ordnung und auch nach einer gewissen Vereinfachung in ihrem Leben sehnen. Die Sehnsucht nach Leichtigkeit erscheint mir so weitverbreitet zu sein, dass man geradezu von einem Zeitgeist sprechen kann. Die Buchhandlungen führen Hunderte von Erfahrungsberichten und Ratgebern zum Thema Loslassen, Entrümpeln und Minimalismus. Parallel dazu sind bundesweit unzählige Projekte des Tauschens, Schenkens und Teilens entstanden wie z. B. Schenkflohmärkte, Schenkläden, Büchertauschboxen sowie digitale Tausch- und Schenkplattformen, bei denen Menschen ihren Wunsch nach Leichtigkeit mit einer nachhaltigen Lebensweise verknüpfen.

Was aber macht es so schwer, ein »leichtes« Leben zu führen? Warum belasten wir uns mit so viel Besitz, von dem wir nur einen (Bruch-)Teil wirklich nutzen? Besitz, der uns Arbeit macht, da wir ihn lagern, verwalten und abstauben müssen. Und der uns Platz und damit Geld und Zeit kostet.

Mangelware Zeit

Wir alle sind Teil einer Gesellschaft und damit auch Teil ihrer Dynamik. Wir leben in einem kapitalistischen Wirtschaftssystem, dessen Funktionsfähigkeit und Erfolg vollständig auf kontinuierlichem Wachstum beruht. Solange das Bruttosozialprodukt wächst, ist unsere Welt »in Ordnung«. Ein Schrumpfen der Wirtschaftsleistung ist nicht vorgesehen; wirtschaftliche Einbrüche oder Rezessionen bringen das System ins Wanken. Und so ist das Handeln von Unternehmen und Politik, vermittelt durch die Medien, darauf ausgerichtet, die Bevölkerung zu kontinuierlichem Konsum anzuregen, auch mittels Rabatten, Kaufprämien, Schnäppchen und Sonderverkäufen, um die Wirtschaftsleistung beständig zu steigern. Eine erfinderische Industrie schafft es, mit immer neuen Produkten täglich neue Bedürfnisse in uns zu wecken. Insbesondere im digitalen Bereich gelingt es den Unternehmen mit neuen Features, Apps und Updates in immer kürzeren Abständen vorhandene Geräte und Funktionen alt aussehen zu lassen und dadurch den Neuerwerb von Geräten und Software zu beschleunigen.

Wie leicht kann es angesichts dieses permanenten Verführungspotenzials passieren, dass wir in ein Hamsterrad aus Arbeit und Konsum geraten! Wir arbeiten viel, um möglichst viel konsumieren zu können. Die verbleibende Freizeit verbringen wir damit, aus einem unüberschaubaren Angebot Produkte auszuwählen, sie zu verwalten, über sie zu kommunizieren und sie oberflächlich zu konsumieren – begleitet von der Sorge, vielleicht eine noch bessere Möglichkeit verpasst zu haben. Hochverdichtete Arbeitsprozesse, die uns viel abverlangen, ergänzen wir durch ein hochverdichtetes Freizeitverhalten. Wir überfordern uns damit selbst und leben im Dauerstress. Während wir uns in einer reizüberfluteten Konsumsphäre verzetteln, fehlt uns die Zeit, die einzelnen Konsumgüter in Ruhe zu nutzen und sie zu genießen. Zeit wird immer mehr zur Mangelware und zum scheinbar unerreichbaren Wunschtraum – während wir sie zugleich am Smartphone oft achtlos und ganz nebenbei verspielen.

Macht uns das alles glücklich? Was ist es, das uns guttut? Was brauchen wir wirklich und wie viel davon? Wann haben wir genug?[1] Wenn wir unseren Konsum reduzieren würden, könnten wir dann nicht auch unsere tägliche Arbeitszeit reduzieren, sodass wir plötzlich *mehr* Zeit hätten? Doch dann stellt sich die Frage: Zeit wofür?

Es ist eine verführerische Vorstellung, aus dem alltäglichen Hamsterrad auszusteigen und mehr Zeit zu haben. Zugleich erscheint es uns fast unmöglich. Dabei haben wir es selbst in der Hand. Jeder Einzelne von uns verfügt jeden Tag über 24 Stunden, die wir aufs Neue gestalten können. Sicherlich gibt es Rahmenbedingungen, die unsere Entscheidungen beeinflussen: Wir müssen unseren Lebensunterhalt verdienen, also gehen wir arbeiten. Der Haushalt benötigt einen gewissen Zeitaufwand und die Versorgung und Erziehung von Kindern ebenfalls. Wie viel Zeit wir jedoch für das eine oder andere aufwenden, ist nirgendwo festgelegt, es gibt kein Handbuch und niemanden, der uns das vorschreibt. Es ist unsere ganz persönliche Entscheidung, indem wir die Notwendigkeiten des Lebens bewerten, abwägen und Prioritäten setzen.

Es ist für unser menschliches Wohlbefinden unabdinglich, dass unser Einkommen unser Auskommen verlässlich sichert und wir uns keine existenziellen Sorgen machen müssen. Dazu gehört neben der Versorgung mit Wohnraum und Nahrung auch, am gesellschaftlichen Leben teilhaben zu können. Darüber hinaus tut es gut, sich einen gewissen Luxus leisten zu können: Dinge, die nicht unbedingt notwendig, aber schön und bereichernd sind. Ein höheres Einkommen sichert in gewisser Weise also eine höhere Lebensqualität.

Inwieweit stimmt es aber, dass wir durch ein Mehr an Konsum unser Wohlbefinden steigern, uns besser fühlen und zufriedener mit unserem Leben sind? Glücksstudien zeigen, dass mit einer Zunahme des Einkommens in gewissem Maß tatsächlich auch das persönliche Glücksempfinden zunimmt. Dieser Effekt stellt sich jedoch nur bis zu einem bestimmten Jahreseinkommen ein. Eine Steigerung des Einkommens darüber hinaus hat keinen weiteren Effekt auf unser persönliches Glücksgefühl, weil die Einkommenssteigerung in aller Regel mit einem höheren Zeitaufwand verbunden und weil Einkommen nur ein Element unter anderen ist, das unser Glücksempfinden bestimmt.[2] Wo ist unsere ganz persönliche Schwelle, an der wir, wenn wir noch mehr arbeiten und noch mehr konsumieren, ins Hamsterrad geraten, das uns nicht mehr zur Ruhe kommen lässt?

Es ist vermutlich kein Zufall, dass es den Begriff der »Lebensqualität« gibt, aber nicht den Begriff der »Lebensquantität«. Quantitativ endet ein Tag nach 24 Stunden, egal, was und wie viel wir planen zu tun. Eine Woche entspricht sieben Tagen und ein Jahr endet nach zwölf Monaten. Keine unserer Handlungen wird daran etwas ändern. Auf unsere Lebensqualität haben wir jedoch sehr wohl Einfluss. Die Frage ist nur: Gelingt es uns, unser alltägliches Handeln danach auszurichten? Was bedeutet für jeden Einzelnen von uns Lebensqualität? Was genau trägt zu unserer Lebensqualität bei? Und was können wir selbst zu einem glücklichen und erfüllten Leben beitragen?

Weniger ist mehr

Wenn die gesellschaftliche Dynamik das Wachstum und Vermehren derart in den Vordergrund stellt, ist die Gefahr groß, dass wir Menschen uns im Habenwollen verlieren. Erich Fromm hat diesen Zusammenhang bereits in den 60er-Jahren des vergangenen Jahrhunderts in seinem Buch »Haben oder Sein« beschrieben. Das Habenwollen beschränkt sich keineswegs nur auf unseren materiellen Besitz, sondern kann weit darüber hinausgehen und sämtliche Lebensbereiche durchdringen. Wir haben eine Meinung, die wir uns nicht nehmen lassen wollen. Wir haben Recht. Wir haben Wissen, das wir in Zertifikaten, Abschlüssen, Bescheinigungen und in Aktenordnern mit Seminarunterlagen gesammelt haben. Wir haben Gefühle. Wir haben unsere Gewohnheiten. Wir haben sogar Menschen: »mein« Mann, »meine« Frau, »mein« Kind, »mein« Arzt. Wir haben Krankheiten und Probleme, und wir haben Glück oder Pech.[3]

In der Existenzweise des Habens ist unser Handeln darauf ausgerichtet, etwas erreichen und dies auch vorzeigen zu wollen. Wir tun etwas nicht einfach, weil es uns wichtig ist, uns Freude bereitet oder weil uns gerade der Sinn danach steht, sondern »um zu« oder »damit«. Wenn wir Zeit, Geld oder Energie in eine Sache investieren, muss der Gegenwert stimmen, die Sache muss sich lohnen. Der kleinste Gegenwert sind Anerkennung und Dankbarkeit, die häufigste Währung ist Geld. Der Fokus unseres Mehrens richtet sich auf materiellen Besitz, aber auch auf Ruhm, Macht und Status. Der Schein ist im Zweifelsfall wichtiger als der Inhalt, und die strahlende Fassade nach außen wird unter allen Umständen aufrechterhalten. Zugleich entsteht eine große innere Abhängigkeit von allem, was wir angesammelt und aufgebaut haben, und wir verwenden viel Mühe darauf, den Schein aufrechtzuerhalten. Im Innersten wissen wir, dass unser Erfolg von vielen Faktoren abhängt, die nicht in unserer Hand liegen. Wir wissen, dass günstige äußere Umstände, ökonomische und gesellschaftliche Entwicklungen, Geschäftspartnerinnen und Geschäftspartner, eine unterstützende familiäre Situation oder unser körperliches und seelisches Befinden eine wesentliche Grundlage für unseren Erfolg sind. Eine Veränderung in diesen Umständen, eigene Fehlentscheidungen oder einfach der Zufall können die persönliche wirtschaftliche Situation und den gesellschaftlichen Status gefährden und die Fassade zum Einsturz bringen.

Schlussendlich wird das Habenwollen nie zu einem Gefühl von Zufriedenheit führen. Wenn das Vermehren von Besitz den Wesenskern meines Lebens ausmacht, dann wird es nie genug sein – in jeder Hinsicht. Immer wird es Menschen geben, die mehr haben als ich, und immer wird es neue verführerische Angebote geben, die mich nicht zur Ruhe kommen lassen. Das Habenwollen kennt keine Begrenzung, es ist offen und maßlos. Das passende Maß für mein Leben findet sich nicht von allein. Ich selbst muss es definieren, ich selbst muss für mich bestimmen, wann es für mich genug ist. Tue ich das nicht, lasse ich mich von anderen bestimmen, beispielsweise von einer findigen Industrie, die sich mein allzu menschliches Streben nach Mehr zunutze macht.

Wie können wir uns aber dem Sog des Habenwollens entziehen? Wie können wir angesichts der gesellschaftlichen Wachstums- und Vermehrungsdynamik dennoch ein Leben führen, das uns zufrieden macht? Wie kann es uns gelingen, ein *er*fülltes Leben zu leben, nicht ein *über*fülltes?

Um herauszufinden, was für uns selbst stimmig und genug ist, können wir schrittweise unseren Fokus verändern, unseren Blick weg von äußeren Merkmalen wie Besitz und Status hin zu unserem eigenen Inneren lenken. Im Kontakt mit uns selbst spüren wir unsere Gefühle und nehmen wir wahr, was uns bewegt, was uns wichtig ist und was uns in unserem tiefsten Inneren zufrieden und glücklich macht. Indem wir uns auf uns selbst einlassen und uns selbst besser kennenlernen, können wir eine Haltung zum Leben finden, die Erich Fromm als ein »Leben im Sein« beschrieb. Im Sein sind wir lebendig und verbinden uns mit den Menschen, die uns umgeben, mit der Natur, mit unserem Lebensraum und ja, auch mit unseren Besitztümern. Wir nutzen und genießen, was wir haben, ohne uns von den Dingen abhängig zu machen. Das Leben im Sein bedeutet, aufmerksam für den Augenblick zu sein und sich Zeit zu nehmen. Dadurch nehmen wir das Leben intensiver wahr. Das geschieht in ganz alltäglichen Momenten, in denen wir uns am Anblick einer Blume erfreuen können, ohne sie pflücken zu müssen, oder wenn wir beim Spazierengehen den Geruch des Waldes und die Schattierungen des Himmels bewusst wahrnehmen.

Sind wir im guten Kontakt mit uns selbst, entwickeln wir Mitgefühl – für uns selbst, unsere eigene Lebensgeschichte, unsere inneren Konflikte, emotionalen Ambivalenzen und Gefühlsstürme. Öffnen wir unser mitfühlendes Herz, wirkt sich das zudem auf unsere Beziehungen aus, denn wir bringen auch unseren Mitmenschen und deren Gefühlslagen und manchmal unverständlichem Verhalten Mitgefühl entgegen. Es gelingt uns besser, uns auf Beziehungen einzulassen und beispielsweise in Konfliktsituationen die Ruhe zu bewahren und Konflikte zu klären, anstatt sie lediglich vermeiden zu wollen. Wir nehmen uns die Zeit, um zuzuhören, und sind bereit, verstehen zu wollen, ohne schnelle Ratschläge zu geben. Im Sein zu leben bedeutet, sich dem Leben gegenüber mit all seinen Höhen und Tiefen zu öffnen. Es bedeutet auch, sich ganz auf etwas einzulassen, sich in Aufgaben zu vertiefen, die eigenen Talente zu leben und sich Neuem zu öffnen. In diesem lebendigen Sein spüren wir die tiefere Qualität, die wir unserem Leben verleihen können – nicht als Zustand, den wir einmal einrichten und festhalten, sondern als tägliche Erfahrungen.

In unserem Alltag wechseln wir vermutlich immer wieder zwischen den Existenzweisen des Habens und Seins, und der Unterschied liegt oftmals nur darin, warum und wie wir etwas tun. Vermehre ich mein Wissen, um jemanden zu beeindrucken oder zu übertrumpfen? Oder habe ich ein echtes Interesse an der Sache und ein Bedürfnis nach einem tieferen Verständnis? Bin ich anderen gegenüber interessiert und offen oder weiß ich schon alles? »Habe« ich eine feste Meinung, von der ich jemanden unbedingt überzeugen will und von der ich denke, dass sie, und nur sie, richtig ist? Oder bin ich neugierig auf die Position des anderen und gehe in einen offenen Austausch mit meinem Gegenüber? »Habe« ich einen Partner oder eine Partnerin, den oder die ich quasi als Besitztum betrachte, das ich mir für den Rest meines Lebens erworben habe? Oder gestalte ich Partnerschaft als eine lebendige Beziehung, die gelebt, gefühlt und mit Sorgfalt gepflegt werden will und die sich immer wieder verändern darf?

Unsere Beweggründe geben uns Aufschluss darüber, ob wir in einem Augenblick eher im Habenwollen oder im Sein leben. Nehmen wir diese bewusster wahr, wird es uns immer häufiger gelingen, unser Leben allmählich zu verändern und den Kontakt zu unserem Inneren zu stärken. Wir spüren besser, was uns guttut und was wir wirklich brauchen. Wechseln wir unsere Perspektive auf oder gar unsere Haltung gegenüber dem Leben auf diese Weise, eröffnen sich neue innere Freiräume und auch Zeiträume. Weniger Habenwollen schafft Raum, um Pausen zu machen und uns zu erholen, unser Leben intensiv zu spüren und jeden Moment zu würdigen.

Veränderung von Konsumgewohnheiten

Die Verführungen in unserer Umgebung, die das Habenwollen in uns auslösen, sind fast unausweichlich und sehr stark. Werbung, Schnäppchenangebote, Wühlkisten und andere Kaufanreize versuchen permanent, uns zu verlocken und neue Bedürfnisse zu wecken. Zudem haben wir womöglich Gewohnheiten entwickelt, die unser Konsumverhalten fördern und unserem Konsumieren eine wichtige Funktion zuweisen: Wenn wir beispielsweise stressbelastete Situationen in der Partnerschaft oder am Arbeitsplatz mit dem Kaufen von Kleidung kompensieren; wenn wir Shopping – also das Bummeln sowie den Akt des Kaufens und das Besitzen, unabhängig von unserem realen Bedarf – als Belohnungssystem in unseren Alltag integriert haben; wenn wir einen Gegenstand, den wir bereits besitzen, neu kaufen, weil es schneller oder einfacher ist, als den alten zu suchen, zu pflegen oder zu reparieren; wenn wir uns gewohnheitsmäßig mit anderen vergleichen und dabei nicht »schlecht abschneiden« wollen.

Das Leben leichter zu gestalten beginnt bereits im Prozess des Konsumierens. Wer viel kauft, sammelt viel an und muss im Lauf seines Lebens deshalb auch viel aufräumen, umräumen, abstauben, putzen und irgendwann aussortieren, wegschaffen, verschenken oder entsorgen. Konsumieren an sich macht nicht dauerhaft zufrieden und darüber hinaus verursacht der Konsum der Gegenwart häufig Ballast und Arbeit in der Zukunft. Das eigene Konsumverhalten zu verändern kann also Abhilfe schaffen, z. B. indem Kaufentscheidungen wohlüberlegt und Spontankäufe vermieden werden. Ein kurzes Innehalten vor dem Gang zur Kasse hilft oftmals schon, um sich ein paar Fragen stellen zu können: Trägt der Gegenstand zu meinem lebendigen Alltag bei? Werde ich ihn auch in ein paar Wochen noch nutzen? Werde ich das Hemd oder die Bluse auch nach dem dritten Waschen noch gerne tragen? So können Produkte achtsamer ausgewählt werden und so manches Schnäppchen, dessen Kauf nur der günstigen Gelegenheit geschuldet wäre, findet seinen Weg erst gar nicht in den Einkaufskorb.

Sind die eigenen Gewohnheiten sehr stark ausgeprägt, braucht es jedoch viel Geduld, um sie zu verändern. Es ist nicht immer leicht, Schnäppchen zu widerstehen, die uns gezielt in den Weg gestellt werden. Es ist nicht leicht, Stress auszuhalten oder grundlegend etwas an der belastenden Situation zu verändern und zugleich auf den vermeintlich ausgleichschaffenden Einkauf, auf dieses Glücksempfinden im Moment des Kaufs zu verzichten. Wenn Konsum bislang als Belohnung diente, muss eine gute Alternative gefunden werden, die ebenfalls positive Empfindungen auslöst. Hier ist etwas Fantasie gefragt, und es wird Geduld brauchen, sich neue Gewohnheiten anzueignen.

In diesem Umstellungsprozess kann Neugier eine wichtige Helferin sein, und zwar die Neugier auf sich selbst: auf unsere eigentlichen Bedürfnisse, die wir mit unseren Gewohnheiten und unserem Konsum zu befriedigen versuchen. Und Neugier auf unsere innere

Stimme, unsere Herzensstimme, die uns sagt, was uns wirklich glücklich macht.

Loslassen oder bewahren?

Auch wenn Menschen sich nach Leichtigkeit sehnen, weil sie unter ihrem angesammelten Besitz leiden und ihn als Belastung empfinden, fällt es ihnen meist dennoch schwer, diesen einfach wegzugeben. Viele Erinnerungen hängen an den Gegenständen, weshalb es sich wie ein Verlust anfühlen kann, diese auszusortieren, auch wenn sie schon lange nicht mehr benutzt wurden. Womöglich meldet sich eine unbestimmte Angst, etwas unwiederbringlich zu verlieren und es später zu vermissen; eine Befürchtung, später zu bereuen, etwas weggegeben zu haben und darüber traurig zu sein. Loszulassen bedeutet immer auch, ein Risiko einzugehen. Es kann tatsächlich passieren, dass sich in den vielen Sachen, die einmal weggegeben wurden, ein spezielles Buch, ein ehemals geliebtes Hemd oder ein Andenken aus früherer Zeit befand, das später erinnert und vermisst wird. Wer damit beginnt, auszusortieren und loszulassen, sollte sich dieses Risikos bewusst sein und sich damit auseinandersetzen. Es erfordert Mut, persönliche Sachen auszusortieren und wegzugeben. Und es erfordert die Bereitschaft, sich nicht nur im Moment des Entrümpelns mit dem gefühlten Verlust auseinanderzusetzen, sondern womöglich auch noch zu einem späteren Zeitpunkt.[4]

Die innere Hürde, das Loslassen praktisch anzugehen, kann sehr groß sein, wenn die Angst, etwas unwiederbringlich zu verlieren, stark ausgeprägt ist. Damit diese Angst nicht jeglichen Versuch loszulassen schon im Keim erstickt, kann es hilfreich sein, sich vorab und immer wieder zwischendurch mit dem Gegenpol des Loslassens zu beschäftigen, also damit, was unbedingt bewahrt werden soll. Was darf auf keinen Fall weggegeben werden? Was erlaube ich mir aufzubewahren und zu erhalten? Welche Gegenstände sind mir so wichtig, dass ich ohne sie nicht glücklich sein könnte? Es lohnt sich, sich diese Frage einmal ganz in Ruhe zu stellen und dabei alle Besitztümer eingehend zu betrachten. Auch ein Perspektivwechsel kann neue Erkenntnisse bringen: Wenn ich für einige Wochen auf eine einsame Insel gehen würde und nur fünf Gegenstände mitnehmen dürfte, welche wären das?

Viele Menschen registrieren durch diese Fragen, dass es gar nicht so viele Gegenstände sind, die wirklich wesentlich zu ihrem jetzigen Leben beitragen. Die Fragen helfen dabei zu unterscheiden, welche Dinge in einer anderen, vergangenen Lebensphase wichtig waren und welche heute (noch) bedeutsam sind. Alle Besitztümer, die das eigene Leben im Hier und Jetzt bereichern und lebendig machen, die tatsächlich regelmäßig und gerne genutzt werden, die zufrieden und glücklich machen, gilt es zu bewahren. Sie sollten einen guten Platz in der Wohnung bekommen, gereinigt und gepflegt werden.

Dieses Innehalten führt uns zu unserem inneren Kern, zu unseren Werten, unseren Vorlieben und Fähigkeiten. Was macht mich aus? Was ist mir wirklich wichtig? Was mache ich heute gerne? Nicht wenige Menschen stellen dabei fest, dass es viel weniger irgendwelche Gegenstände sind, die sie auf die Insel mitnehmen möchten, sondern vielmehr Menschen, die sie lieben, die Lebenspartnerin oder den Lebenspartner, das Kind, den Jugendfreund oder die beste Freundin. Es sind unsere Beziehungen zu anderen Menschen, die uns beglücken, mehr als einzelne Besitztümer. Zugleich erlaubt das Innehalten einen wohlwollenden Blick auf das Bestehende, das bewahrt werden soll. So kann immer wieder eine Balance zwischen dem Wunsch nach Leichtigkeit und dem Wunsch nach Sicherheit und Beständigkeit hergestellt werden.

Besitz und Identität

Indem wir innehalten und unseren Besitz näher betrachten, werden wir vermutlich feststellen, dass wir vieles nicht, weil es uns glücklich macht, sondern aus ganz anderen Gründen aufbewahrt haben: weil die Dinge uns irgendwann viel Geld gekostet haben, weil sie Fehlkäufe waren und uns das schlechte Gewissen plagt, weil wir uns ihnen irgendwie verpflichtet fühlen, weil sie vielleicht

Geschenke von lieben Menschen waren oder weil sie etwas repräsentieren sollen. All diese Dinge, die uns nicht wirklich erfreuen, die vielleicht sogar mit unguten Gefühlen behaftet sind, die sich »untätig« stapeln, verstauben oder sich in den Untiefen der Schränke oder Keller verstecken, könnten großzügig aussortiert werden. Eigentlich. Wenn da nicht der innere Widerstand wäre.

In meinen Gesprächen am Tauschmobil, in meinen Beratungen und bei den Gesprächsabenden höre ich ganz oft: »Das kann ich nicht wegwerfen, das gehört doch zu mir.« Oder: »Die Bücher kann ich doch nicht einfach weggeben, da steckt meine Identität drin. Das ist, als würde ich einen Teil von mir weggeben.« Diese Vorstellungen sorgen dafür, dass wir festhalten. Wir glauben, dass wir Besitz »haben« und zum Teil sogar, dass wir unser Besitz sind. Dabei ist es genau umgekehrt: Der Besitz hat uns – weil er uns Arbeit macht, wir ihn verwalten müssen und die Verantwortung für ihn tragen. Der Besitz hat uns aber auch, weil wir unsere Identität und unsere psychische Gesundheit davon abhängig machen. Der Psychoanalytiker Dr. Rainer Funk brachte diese innere Abhängigkeit in einem Interview sehr treffend zum Ausdruck: »Was ich habe, kann ich verlieren. Wenn somit meine Identität auf dem basiert, was ich habe – wenn ich also bin, was ich habe –, dann stellt sich die Frage danach, was ich bin, wenn ich verliere, was ich habe.«[5]

Die Vorstellung, dass wir unseren Besitz bräuchten, um irgendwie vollständig zu sein oder um uns unserer Identität zu vergewissern, engt unser Leben und unser ganzes Wesen ein. Dinge, die uns in unserer Vergangenheit geprägt haben, waren in einem bestimmten Abschnitt unseres Lebens zwar wichtig. Sie sind uns dadurch lieb und teuer geworden. Sie »sind« aber nicht unsere Identität. Unsere Identität ist viel mehr als die Ansammlung dieser Gegenstände. Und sie ist völlig unabhängig von ihnen. Unsere Identität speist sich aus all unseren Erfahrungen und daraus, wie wir diese verarbeitet haben, was wir aus ihnen gelernt, wie wir sie bewertet und in unser Innerstes integriert haben. Unsere Identität ist lebendig, veränderlich und entwickelt sich jeden Tag unseres Lebens weiter.

Wenn es gelingt, mit unserem Selbst, unserem Wesen, unserer Lebendigkeit in Kontakt zu sein, dann werden wir uns unserer wirklichen Identität bewusst, jenseits von Besitz und äußeren

Merkmalen. Das macht uns innerlich unglaublich frei. Frei, ein lebendiges und erfülltes Leben zu führen, das unserem Wesen entspricht. Frei, äußeren Ballast aus vergangenen Zeiten loszulassen und wegzugeben. Frei, die Leichtigkeit, die daraus entsteht, zu genießen und sich all dem zu öffnen, was jeder neue Tag mit sich bringt.

Digitalen Konsum reduzieren

»Ich verbringe sehr viel Zeit mit meinem Smartphone. Ich bekomme häufig etwas geschickt und schaue mir das dann an. Dabei stoße ich auf andere interessante Seiten und schaue mir noch mehr Videoclips an. Am Ende ist der Nachmittag vorbei und ich weiß nicht, wo die Zeit geblieben ist.« Derartige Aussagen höre ich in meinen Beratungen immer wieder. Die digitale Entwicklung hat unsere Welt revolutioniert und sämtliche Lebensbereiche strukturell verändert. Insbesondere die digitalen sozialen Medien haben auf unser alltägliches Leben und unsere Kommunikation mit anderen Menschen großen Einfluss genommen, weshalb ich mich in diesem Kapitel auf diese fokussiere.[6]

Als Entrümpelungsberaterin erlebe ich Menschen, die die sozialen Medien leidenschaftlich nutzen, sich jedoch davon überfordert fühlen. Sie genießen die spontane und ortsunabhängige Kommunikation und fühlen sich zugleich gestresst, weil sie dem Sog dieser Medien nicht widerstehen können. Sie tun sich schwer damit, das Smartphone abzuschalten, auch wenn sie sich manchmal oder regelmäßig vom permanenten Nachrichten- und Kommunikationsfluss gestört fühlen. Dabei sehnen sie sich nach einem entspannten Umgang mit den digitalen Netzwerken und wünschen sich, dass diese ihr Leben bereichern und zum persönlichen Glück beitragen.

Das Smartphone als vielseitiger Alltagsbegleiter

Die Digitalisierung hat nicht nur unsere Arbeitswelt, sondern gerade auch unser Freizeitverhalten sowie unsere alltägliche Kommunikation deutlich verändert. Neben Computer, Laptop und Tablet ist es vor allem das Smartphone, das für viele Menschen zum alltäglichen Begleiter geworden ist. In nur etwa zwei Jahrzehnten hat es unser Leben erobert und in fast sämtliche Lebensbereiche Eingang gefunden. Durch die Vielseitigkeit seiner Anwendungen hat das Smartphone für viele Menschen einen sehr hohen Stellenwert bekommen. Diese positiven Seiten verdienen einen Moment der Aufmerksamkeit.

Das Smartphone bietet mittels Internet und Apps ein breites Spektrum an nützlichen und alltagspraktischen Funktionen. Ein paar Beispiele: Wir recherchieren Kulturveranstaltungen oder Zugverbindungen und buchen Tickets dafür. Wir planen Wanderrouten, kaufen ein und lassen uns Essen liefern. Wir tätigen unsere Bankgeschäfte, leihen Autos oder verfolgen die Lieferung unseres Pakets in Echtzeit. Durch die Entwicklung von immer neuen Apps ist das Smartphone für viele Menschen ein unverzichtbares Instrument zur Organisation ihres Alltags geworden.

Im Bereich der Informationsvermittlung ergänzt es die klassischen Medien wie Radio, Fernsehen, Zeitungen sowie Bibliotheken. Viele Menschen recherchieren heute über das Smartphone: Kommt im Alltag eine Frage auf, finden wir in den Suchmaschinen, in themenspezifischen Foren oder in den sozialen Netzwerken sofort Antworten darauf. Nachrichten sehen und hören wir online über Nachrichtenportale. Dabei sind wir nicht mehr wie früher an feste Zeiten gebunden, denn via Smartphone sind Nachrichten rund um die Uhr aktuell verfügbar, sodass wir immer das Gefühl haben, am Puls der Zeit zu sein.

Auch die Unterhaltungsbranche hat sich dadurch wesentlich verändert. Musik und Filme werden heute in Streamingdiensten angeboten, sodass sie uns auf dem Smartphone orts- und zeitunabhängig und scheinbar unbegrenzt zur Verfügung stehen. Wir lesen Bücher, hören Podcasts und schauen Videoclips online auf dem Tablet oder Smartphone. Wir lösen Rätsel und spielen alle Arten von Spielen auf diesen Medien, alleine oder online vernetzt mit anderen Menschen. Unterhaltung und Zeitvertreib sind für viele Menschen eine ganz zentrale Funktion des Smartphones.

Darüber hinaus stellen Plattformen wie Snapchat, Instagram oder TikTok uns einfach zu bedienende Hilfsmittel zur Verfügung, die uns erlauben, unsere kreative Seite zum Leben zu erwecken. So kommentieren wir unser Leben mit Fotos, Texten oder Clips und teilen uns darüber anderen mit. Auch bieten das Internet und die sozialen Medien teilweise detaillierte Anleitungen für den Haushalt, zum Basteln und für handwerkliche Tätigkeiten aller Art. Menschen, die sich künstlerisch betätigen, finden hier unglaublich viele Anregungen und Plattformen für das eigene Tun.

Weitere Bereiche sind Sport und Gesundheit: Wir finden über das Smartphone Zugang zu Sport- und gesundheitsbezogenen Sendungen und machen zu Hause Yoga mithilfe von Online-Workouts. Wir zählen unsere Bewegungseinheiten am Tag und verbinden Fitnessgeräte digital, um unsere Leistung zu überwachen. Das Smartphone ermöglicht eine umfassende Kontrolle des eigenen Lebenswandels und des eigenen gesundheitlichen Verhaltens. Diese Funktionen gewinnen in einer Gesellschaft, die auf Selbstoptimierung und Wettbewerb setzt, weiter an Bedeutung.

Neben all diesen Funktionen ist die wesentliche Funktion des Smartphones vermutlich die Kommunikation mit anderen Menschen. In unserer globalisierten und verdichteten Arbeitswelt, die von vielen Menschen ein hohes Maß an Mobilität und räumlicher Flexibilität verlangt, ermöglicht es, auch über große Distanzen hinweg Verbindung zu lieben Menschen zu halten. Es vermittelt Zugehörigkeit und Nähe, auch wenn sich das Gegenüber in einer anderen Stadt oder einem anderen Land befindet. Die verschiedenen Kanäle der sozialen Netzwerke machen es möglich, sich beim Telefonieren zu sehen sowie kostenlos in Echtzeit zu chatten und Fotos zu senden und dadurch sehr viel mehr am Leben der anderen teilzuhaben, als es das Telefonieren oder Briefe erlauben. So erleben die Großeltern das Aufwachsen ihrer Enkelkinder, auch wenn sie in einem weit entfernten Ort wohnen. Für Menschen, die allein leben oder die im direkten Kontakt kommunikative Schwierigkeiten haben, können die vielfältigen und niedrigschwelligen Kommunikationskanäle des Smartphones eine wesentliche Bedeutung haben, um Kontakte zu pflegen und der Einsamkeit vorzubeugen. Zudem ermöglicht das Smartphone, spontan und zeitsparend zu kommunizieren, ohne sich auf längere Telefonate einlassen zu müssen. Dies erleichtert eine regelmäßige Kontaktaufnahme im oftmals dichten Alltag.

Im Unterschied zum Telefon oder Handy bietet das Smartphone mit den digitalen Medien einen weiteren Vorteil: Es ermöglicht eine zeitgleiche Kommunikation mit vielen, eine Vernetzung von Menschen in Gruppen und eine sehr viel größere Reichweite. Um jemanden privat anzurufen, bedarf es üblicherweise einer gewissen Nähe und Vertrautheit oder eines Anliegens. Die sozialen Medien erlauben eine Kontaktaufnahme, ohne dass diese Nähe gegeben sein muss. Wer hier als Freund oder Follower gilt, muss im analogen Leben kein Freund sein, sondern kann eine Zufallsbekanntschaft oder auch völlig unbekannt sein, weil sich der Kontakt auf einer virtuellen Ebene abspielt. Dadurch bietet das digitale soziale Netz einen unendlichen Fundus, um beispielsweise Gleichgesinnte zu finden, sich zu speziellen Themen auszutauschen und sich weltweit zu vernetzen. Es ermöglicht, eigene Anliegen zu verbreiten, mit anderen Menschen Themen und Gefühle zu teilen und sachbezogenes wie auch emotionales Feedback zu bekommen.

Schlussendlich vermischen die sozialen Medien die verschiedenen Lebensbereiche. Während wir früher *entweder* telefonierten *oder* Nachrichten schauten *oder* uns kreativ betätigten, geschieht heute vieles gleichzeitig oder eng miteinander verwoben. Es wird ein Foto aufgenommen, kreativ verändert und umgehend gepostet, also kommuniziert. Die eigene Kreativität wird häufig bereits mit dem Blick auf die Adressaten und Adressatinnen ausgelebt. Es werden Nachrichten geteilt, in der Gruppe kommentiert, dazu auf den Nachrichtenportalen weiter recherchiert und erneut kommentiert. Workouts werden geteilt, gemeinsam durchgeführt, vielleicht wird am Ende ein Foto davon gepostet. Bei fast allen Aktivitäten mit dem Smartphone verschwimmen die Grenzen zwischen den einzelnen Bereichen, und fast alle Aktivitäten sind mit einer kommunikativen Komponente verknüpft. Auch das analoge Leben, der Urlaub, das Essen im Restaurant oder neu erworbene Produkte werden digital bewertet und kommentiert; immer ist die Community im digitalen Netz mit dabei. Auf Plattformen wie nebenan.de werden Tauschgeschäfte und Nachbarschaftshilfe organisiert, Veranstaltungen beworben, Verabredungen getroffen und Gruppenaktivitäten geplant, die online oder analog durchgeführt werden. Auf vielfältige Weise durchdringen die sozialen Medien den Alltag der Menschen und haben so enorm an Bedeutung gewonnen.

Vereinnahmungsdynamiken der sozialen Medien

In dieser allumfassenden und übergangslosen Vermischung von Aktivitäten und Kommunikation liegt zugleich die Sogwirkung der sozialen Medien begründet, der sich viele Menschen nur schwer entziehen können. Verstärkt wird diese durch eine neue Rollenvermischung: Gegenüber den klassischen Medien und dem Internet der ersten Generation, bei denen es klar eine Aufteilung in Sendende und Empfangende gibt, basieren das heutige Web 2.0 und die digitalen sozialen Medien auf der Interaktion und Kollaboration der User. Alle User sind Sendende und Empfangende zugleich und erstellen gemeinsam die eigentlichen Inhalte des Webs. Dadurch kommt dem einzelnen Menschen sehr viel mehr Bedeutung zu, weil er sich selbst aktiv einbringen, sich verwirklichen, sich mitteilen und seine Themen, sein ganzes Leben mit anderen teilen kann. Er ist Teil der Web-Community, die von seiner Aktivität lebt.

Darüber hinaus haben sich die Firmen hinter den digitalen Medien verschiedenste Mechanismen einfallen lassen, die uns fesseln und unsere Aufmerksamkeit in besonderer Weise binden. Diese Mechanismen entwickeln Dynamiken in unserem Nutzungsverhalten, denen wir uns nur schwer entziehen können, weil sie es unbemerkt steuern und uns dadurch leicht vereinnahmen können.

Die Zeitfresser-Dynamik

Die sozialen Medien finanzieren sich durch Werbung und Datenhandel und leben von der Anzahl ihrer User, der Klicks, die diese auf ihren Seiten tätigen, ihrer Verweildauer darauf sowie von den Betrachtungen und Klickzahlen auf Werbelinks. Deshalb sind die Unternehmen bestrebt, immer neue User zu gewinnen, diese möglichst lange auf ihren Seiten zu halten und sie endlos zu beschäftigen. Weil das Versenden von Links und Posts im digitalen Netz so einfach ist, erzeugen die User gemeinsam einen unaufhörlichen Strom an Daten, bei dem es schwer ist, den Überblick zu behalten und Wichtiges von Unwichtigem zu unterscheiden. Zudem zeigen uns die sozialen Medien anhand von automatisierten Algorithmen laufend neue Inhalte, die unsere Aufmerksamkeit immer weiter in den Dschungel des Netzwerks lenken. Jeder Post wird von weiteren Posts gefolgt, auf jedes angeschaute Video folgen neue Vorschläge. Wir werden von Link zu Link und von Freund zu Influencer geleitet. Jede neue Nachricht und jede Veränderung wird uns durch sogenannte Pushfunktionen visuell und akustisch angezeigt, sodass wir immer weiter dranbleiben. Das System der digitalen sozialen Medien nutzt unser Bedürfnis nach Kommunikation, nach Nähe und Zugehörigkeit, nach kreativem Ausdruck und Spaß sowie unseren Hang zu Neugier aus. Es schafft dazu unzählige niedrigschwellige Angebote, die unsere Nutzungszeit beständig steigern und den Unternehmen größtmöglichen Gewinn versprechen. Da die Dienste für den User überwiegend kostenlos sind, sind der Nutzung auch kaum Grenzen gesetzt – jedenfalls nicht in finanzieller Hinsicht.

Fast egal, was wir im digitalen sozialen Netz tun: Es gibt nur selten ein klar definiertes Ende. Dem ununterbrochenen Strom von Nachrichten und Kommunikation können sich die User nur entziehen, indem sie den Flugmodus einschalten oder das Smartphone ganz ausschalten. Das aber fällt vielen Menschen schwer. Selbst nachts gelingt das oft nicht, weil sie fürchten, eine wichtige Nachricht zu verpassen. Manchmal entstehen geradezu widersinnige Dynamiken: Messengerdienste beispielsweise bieten zwar eine wunderbare Möglichkeit, sich zeitsparend kurze Nachrichten zu senden. Jedoch geschieht es nicht selten, dass daraus ein Ping-Pong an Nachrichten entsteht, umso mehr, wenn es sich um Gruppen handelt, in denen jedes Mitglied die Kommentare der anderen weiter kommentiert. So entstehen häufig endlose Chatverläufe, die viel Zeit und Energie verbrauchen.

Die Summe dieser Mechanismen führt dazu, dass wir uns leicht in den sozialen Netzwerken verlieren und viel mehr Zeit darin verbringen, als wir eigentlich wollen. Vielleicht wollten wir nur schnell etwas recherchieren oder nach Feierabend mithilfe des Smartphones von der Arbeit abschalten. Wir wollten uns entspannen, indem wir uns für ein halbes Stündchen durch die Kanäle klicken und ein paar kurze unterhaltsame Videoclips, Fotos und News anschauen und mit anderen kommunizieren. Am Ende sind Stunden vergangen und wir sind kein bisschen erholt, sondern haben das Gefühl, unsere Zeit vergeudet zu haben. Nichts von all den vielen Posts ist wirklich hängen geblieben, und wir fühlen uns unzufrieden und gestresst. Der Abend ist jedoch vorbei.

Die Wettbewerbsdynamik

Die sozialen Medien laden dazu ein, sich permanent mit anderen zu vergleichen und mit ihnen zu konkurrieren. Es ist ein Wettbewerb um die lustigsten oder krassesten Sprüche, um die schönsten oder künstlerischsten Fotos, um die interessantesten Videoclips. Der Wettbewerb wird über die Anzahl von Abonnentinnen und Abonnenten, Freunden oder Followern und über die Anzahl von Klicks und Likes ausgetragen. Die Konkurrenz um Aufmerksamkeit ist groß. Und manchmal reicht die Wirkung bis in die ganz alltäglichen Lebensaspekte: Spontan versendete Fotos von köstlichem Essen, von der lachenden Freundesrunde oder vom sonnigen Meeresstrand können bei anderen Freude auslösen. Sie können aber auch Neid erzeugen, wenn der Adressat oder die Adressatin eigentlich selbst gerne bei der heiteren Runde dabei wäre, aber beispielsweise nicht eingeladen wurde oder die finanziellen Mittel dafür nicht hatte.

Wettbewerb kann grundsätzlich sehr kraftvolle und kreative Energien in uns entfesseln. Ehrgeiz ist eine starke Antriebskraft, die uns zu Höchstleistungen motiviert und uns manchmal über uns selbst hinauswachsen lässt. Wettbewerb hat jedoch auch eine Kehrseite: Wo ein Mensch im Licht steht, stehen zumeist ein oder mehrere andere im Schatten. Wo es Gewinner gibt, gibt es auch Verlierer. Es ist eine Herausforderung, im digitalen Dschungel des Netzes als einzelner User aufzufallen und sichtbar zu werden. In diesem Wettbewerb mithalten zu wollen, kann Stress erzeugen.

Zugleich handelt es sich hier nicht um einen »fairen«, offenen Wettbewerb. Gezeigt wird meist ein inszenierter, vorzeigbarer oder auch geschönter Ausschnitt des eigenen Lebens. Die große Mehrheit der User, ob sie das Internet nun professionell oder privat nutzen, postet besondere, glückliche und erfolgreiche Momente und behält unangenehme Gefühle und alltägliche Probleme für sich. Dadurch kreiert die Community im Web eine geschönte, märchenhafte Erzählung über die Möglichkeiten des Lebens, die nur selten durchbrochen wird und mit der Realität der meisten Menschen nur wenig zu tun hat. Einige Influencer werden zudem von Firmen finanziert, deren Produkte sie nutzen und anpreisen. Für viele andere Menschen sind diese aber nicht bezahlbar. Dieser Kontrast kann bei den einzelnen Usern, die mit ganz normalen Alltagssorgen zu kämpfen haben, leicht Gefühle von persönlichem Versagen, von Neid oder Missgunst und andere unangenehme Empfindungen erzeugen. Mittlerweile gibt es zwar manche User, darunter auch Influencer, die schwierige Lebensthemen im Web teilen und unangenehme Themen sichtbar machen[7], der große Trend ist jedoch nach wie vor die positive Selbstdarstellung.

Die digitalen sozialen Medien rühren an unser Ego und unsere Eitelkeit. Auch wenn wir uns in unseren digitalen Profilen scheinbar selbstbewusst darstellen, laufen wir Gefahr, uns innerlich von den Bewertungen der anderen abhängig zu machen und gefallen zu wollen. Das kann dazu führen, dass wir uns hinter einer optimierten Wunschvorstellung von uns selbst verstecken.

Die Emotionalisierungsdynamik

Medien leben und lebten schon immer von Skandalisierung, weil sich gute Nachrichten schlecht verkaufen. Dafür setzen sie auf die Sensationslust des Menschen. Und obwohl wir alle wissen, dass Medien üblicherweise nicht die positiven Entwicklungen in der Welt zeigen, sondern uns vor allem die negativen Abgründe der Menschheit in Form von Gewalt, Kriminalität und Krieg präsentieren, beeinflusst uns die Berichterstattung dennoch in unserer Wahrnehmung. So hat jede Generation ihre Aufregerthemen und das Gefühl, dass früher alles besser war. Dieses Gefühl entsteht unabhängig von der realen Entwicklung und den konkreten Zahlen der Statistiken, die sogar gegenläufig sein können.

Die Digitalisierung hat diese Dynamik deutlich verschärft. Die digitalen sozialen Netzwerke leben von der Erregung von Aufmerksamkeit. Es geht um Erregung um der Erregung willen, die eigentlichen Inhalte sind dabei unwesentlich und austauschbar. Dies hat zu einer extremen Emotionalisierung und Polarisierung von Meinungsbildungsprozessen geführt. Die Kommunikation im Netz nutzt die Zuspitzung und Radikalisierung von Meinungen und scheut auch die Herabsetzung und Bloßstellung nicht. Diese Polarisierung wird verstärkt durch einen politischen Trend, bewusst Lügen zu »alternativen Fakten« zu erklären und wissenschaftliche Fakten als »fake News« zu brandmarken. Das Spiel der Umkehr von Lügen, Meinungen und Fakten führt zu Verschleierung und Manipulation im Prozess der Meinungsbildung. Die »lernenden« Algorithmen verstärken diesen Trend zur Polarisierung, indem sie das Informationsspektrum der User einseitig verengen, sogenannte Informationsblasen (Bubbles) bilden und dadurch die Meinungsbildung der User zuspitzen. Die Anonymität des Webs setzt zudem soziale Kontrollmechanismen außer Kraft und senkt die Schwelle zu unsozialem Verhalten. Abwertungen, Beleidigungen, Cybermobbing, Hasskriminalität, Shitstorms bis hin zu persönlichen Bedrohungen prägen heute den digitalen Diskurs. Diese aggressive Emotionalisierung kann erheblichen Stress verursachen, sogar bei Menschen, die nicht direkt davon betroffen sind, weil sich niemand sicher sein kann, nicht doch irgendwann Zielscheibe dieser allgegenwärtigen Aggression zu werden. Zudem bedeutet allein die Dauerpräsenz dieser aggressiven Emotionalisierung Stress für die menschliche Psyche, weil wir sie gar nicht ignorieren können. Wir müssen uns mit ihr auseinandersetzen und dazu eine Haltung einnehmen. Das kann sehr anstrengend sein, insbesondere dann, wenn sie von Menschen geschürt wird, die wir lieben und die uns wichtig sind.

Die Erwartung ständiger Kommunikation

Das digitale Netz ruht niemals. Ständig erhalten wir Nachrichten, die uns durch die Pushfunktionen angezeigt werden und gelesen, geliked, beantwortet oder geteilt werden wollen. Tun wir dies nicht, ist unser Gegenüber irritiert: Warum antwortest du nicht? Ich sehe doch, dass du online bist! In welcher Situation auch immer sich das Gegenüber in seinem analogen Leben gerade befindet, die digitale Kommunikation fordert Vorrang und duldet keinen Aufschub. Die Möglichkeit, in Echtzeit zu kommunizieren, ist zu einer vermeintlichen Verpflichtung geworden. Diese Dynamik droht uns zu vereinnahmen. Sie treibt uns an und lässt uns mehr im digitalen Netz kommunizieren, als wir eigentlich wollen. Permanent vermitteln uns die sozialen Medien das Gefühl, dass wir jemandem noch eine Antwort, einen Like oder einen Kommentar schulden.

Die Dauerpräsenz der digitalen sozialen Medien führt nicht selten dazu, dass wir mit gezücktem Smartphone zusammensitzen und mit abwesenden Menschen kommunizieren, anstatt uns mit den Menschen am Tisch auf wirkliche Gespräche einzulassen. Das Bedürfnis, das diesem Verhalten zugrunde liegt, ist vielleicht der Wunsch nach »ungefährlicher« Zugehörigkeit und Geselligkeit. Das unablässige Kommunizieren auf die Ferne ermöglicht oberflächliche Unterhaltung, Ablenkung und Spaß, ohne sich mit den Gefühlslagen eines Gegenübers intensiver auseinandersetzen zu müssen. So können tiefere emotionale Ebenen im Miteinander vermieden werden, die womöglich auch unangenehme Gefühle oder gar Konflikte mit sich bringen. Das macht das Leben einerseits leichter und erspart so manche emotionale Herausforderung, führt aber andererseits zu einer emotionalen Verflachung des Lebens.

Die digitalen Kanäle selbst richten ebenfalls Erwartungen an uns: Um im Web gesehen zu werden, müssen wir unsere verschiedenen Profile beständig aktualisieren. Ein Profil, das nicht gepflegt wird, wird von den Algorithmen nicht mehr angezeigt und von den Usern nicht mehr besucht; das Web fordert Neuigkeiten, Abwechslung, Aktivität. Einige Plattformen vergeben sogenannte Scores, also Punkte aufgrund der getätigten Aktivitäten. Ein aktiver User erhält einen hohen Score, der je nach Plattform auch für andere sichtbar ist. Die Algorithmen der Dating-Plattformen verlangen, dass ein bestimmter Anteil von Kontaktangeboten positiv bewertet wird, um weitere Angebote zu erhalten. Wer also Kontaktangebote zu oft ablehnt, fällt aus dem Raster der Algorithmen. Die digitalen sozialen Netzwerke erzeugen also einen Druck, beständig aktiv sein und kommunizieren zu *müssen*, um nicht ausgeschlossen oder unsichtbar zu werden.

Selbstbestimmter Umgang mit sozialen Medien

Um eine mögliche Abhängigkeit zu überwinden und diesen Vereinnahmungsdynamiken etwas entgegenzusetzen, müssen wir unsere Autonomie zurückgewinnen. Zwar können wir die Mechanismen der sozialen Medien nicht ändern, aber wir sind ihnen auch nicht vollständig ausgeliefert. Die vielseitigen Chancen der digitalen Medien einerseits und die Gefahr von Abhängigkeit und Stress andererseits ist ein Spannungsfeld. Indem wir mit diesem aktiv umgehen, wird es uns immer besser gelingen, selbstbestimmte Entscheidungen zu treffen und die sozialen Medien so zu nutzen, dass wir uns gut damit fühlen.

Dazu können wir innehalten und uns das eigene Nutzungsverhalten einmal in Ruhe anschauen. Wir können nachspüren, welche Gefühle dabei in uns ausgelöst werden: Was genau an den sozialen Medien macht mir Freude? Was interessiert und bereichert mich? Wann entsteht bei mir Stress? Was genau sind bei mir die Auslöser, weshalb ich mehr Zeit mit den digitalen Medien verbringe, als mir guttut? Wenn wir unsere eigenen »wunden Punkte« kennen, unsere persönliche Verführbarkeit, haben wir Ansatzmöglichkeiten für eine Veränderung. Dann können wir allmählich unser Nutzungsverhalten so umstellen, dass wir ein gutes Maß für uns finden. Wir lassen uns nicht mehr blind steuern, sondern übernehmen das Ruder und bestimmen unseren digitalen Konsum selbst.

Eine erste Möglichkeit ist, ein paar technische Einstellungsänderungen in den Apps der digitalen Medien vorzunehmen. Die Voreinstellungen sind in der Regel auf die Profitinteressen der betreibenden Firmen ausgerichtet. Die Pushfunktionen beispielsweise, insbesondere die akustischen Signale, die uns ständig zum Smartphone greifen lassen, können wir ausschalten, ebenso die Anzeige, ob wir online sind. Dadurch gewinnen wir innere Freiheit und etwas mehr Ruhe für unser analoges Leben.

Autonomie im digitalen Netz betrifft auch die Daten, die wir von uns selbst preisgeben. Wir können entscheiden, welche Daten wir für wen sichtbar machen. Dazu müssen wir überlegen: Welche Fotos und welche Informationen sollen andere von mir sehen – und dürfen auch in ein paar Jahren noch sichtbar sein? Einmal veröffentlichte Daten sind meist nicht mehr zu löschen, weshalb wir etwas Sorgfalt und Zeit darauf verwenden sollten, was wir von uns zeigen. Zudem tragen wir zur Datenflut in den digitalen Medien bei. Mit unseren eigenen Posts und Likes befeuern wir selbst die

Dynamik, die dazu führt, dass wir endlos Zeit mit dem Smartphone verbringen.

Viele Menschen tun sich schwer damit, erhaltene Nachrichten einfach zu löschen. Denn ob der Inhalt interessant ist oder nicht, weiß man ja erst, nachdem man es sich angesehen hat. Zudem haben viele Menschen noch das »alte« Kommunikationsmodell verinnerlicht: Ein Brief oder eine Mail enthielt üblicherweise eine persönliche Botschaft, die meist auch eine Reaktion erforderte, deshalb fühlen sie sich verpflichtet zu reagieren. Für diese Menschen ist es wichtig zu realisieren, dass heute ein Post mit einem einfachen Klick an unzählige Kontakte verschickt werden kann. Mit steigender Anzahl von Adressatinnen und Adressaten verringert sich automatisch das persönliche Anliegen der absendenden Person gegenüber den Einzelnen. Deshalb können derartige Nachrichten ungeöffnet gelöscht werden, ohne gegen eine soziale Etikette zu verstoßen. Wem das schwerfällt oder wer sich über derartige unpersönliche Links und Posts regelmäßig ärgert, sollte dies der absendenden Person gegenüber äußern und sich aus dem Verteiler löschen lassen. Zudem kann es hilfreich sein, mit engeren Freundinnen und Freunden die gegenseitigen Erwartungen zu thematisieren und zu klären. So können elektronische Nachrichten beispielsweise eine ähnliche Funktion wie Postkarten erfüllen: ein Gruß – »Hey, ich denke gerade an dich!« –, ohne eine konkrete Aufforderung damit zu verbinden. Eine derartige Klärung kann deutlich Stress reduzieren und das Leben enorm erleichtern.

Informationen hinterfragen und entdramatisieren

Die Emotionalisierungskultur der sozialen Medien kann sich belastend auf die menschliche Psyche und auf unsere Beziehungen auswirken. Die emotionale Polarisierung, die Verdrehung von Fakten, der Kampf um Deutungshoheit, die Aggression und der Hass, die in den sozialen Medien teilweise verbreitet werden und mit denen um unsere Aufmerksamkeit gebuhlt wird, schaffen einen unklaren und unsicheren sozialen Raum. Eine selbstbestimmte Meinungsbildung angesichts dieser Erregungsdynamiken erfordert deshalb, die im digitalen Netz kursierenden Informationen und deren Quellen beständig zu hinterfragen und Informationsquellen sorgfältig auszuwählen. Welchen Nachrichtenportalen und Foren traue ich zu, dass sie kritisch und fundiert recherchieren? Welche wahren die Menschenwürde und den Respekt in ihrer Berichterstattung? Einige dieser Medien und Portale verlangen dafür Geld, da guter Journalismus aufwendig ist. Demgegenüber helfen sie uns dabei, die eigene innere Freiheit zu erhalten.

Es ist sinnvoll, mehrere Medien und Quellen zu nutzen, um sich einen breiten Informationshintergrund zu bewahren. Dies verhindert, dass wir uns in einer engen Informationsblase, unserer Bubble, bewegen, in der uns die Algorithmen immer dieselbe Art von Informationen präsentieren. Podcasts eignen sich sehr gut, um die Hintergründe von aktuellen Geschehnissen zu verstehen. Vorsicht ist bei Kurznachrichtendiensten geboten, in denen nicht selten Aussagen ungeprüft millionenfach weiterverbreitet werden, die sich später als Lüge herausstellen, und die mit reinen Andeutungen Aufregung verursachen, ohne dass die Abonnentinnen und Abonnenten über die Zusammenhänge aufgeklärt werden.

Nachrichten zu hinterfragen und Informationen aktiv zu recherchieren kann dazu beitragen, die Debatte in den sozialen Medien zu versachlichen und dem emotionalen Druck eine eigene fundierte Haltung entgegenzusetzen. Anstatt der Emotionalisierung blind zu folgen, können wir unsere eigene Kommunikation entdramatisieren. Manchmal kann es notwendig sein, »Freunden« in den sozialen Medien argumentativ etwas entgegenzusetzen, wenn diese sich abwertend und beleidigend äußern, oder deren Accounts zu blockieren. Darüber hinaus können wir uns vor der Emotionalisierungsdynamik schützen, indem wir uns von Gruppen oder Portalen abmelden, wenn diese zu Polemisierung, Herabsetzung und Verleumdung neigen. Autonomie bedeutet, selbst Entscheidungen zu treffen, mit wem wir wie kommunizieren und welche Art von Informationen und Kommunikation wir konsumieren und teilen.

Digital entrümpeln

Nicht nur unsere materielle Welt, unsere Wohnungen und unsere Keller erfordern gelegentliches Entrümpeln, auch unser digitales Leben kann leichter und entspannter werden, wenn wir immer wieder innehalten und ausmisten. Dabei können wir uns die Frage stellen: Was will ich? Welche Kanäle und Apps nutze ich gerne, weil sie mich gut unterhalten, entspannen, anregen und mich zufrieden machen? Wo bin ich in gutem Kontakt mit anderen Usern und zugleich mit mir selbst? Manchmal sind es vielleicht nur einzelne Funktionen, die zum eigenen Wohlbefinden beitragen, während andere Funktionen derselben Plattform Stress erzeugen. Wer digital entrümpelt, sollte genau hinschauen, um die eigenen Stressoren herauszufinden: Welcher Blog nervt eher als dass er mein Leben bereichert? Welcher Newsletter interessiert mich vielleicht gar nicht mehr? Welche Medien, welche Funktionen oder welche Accounts lösen häufig ungute Gefühle aus? Welche schaffen es, mich übermäßig an das Smartphone zu binden, mehr, als es mir guttut?

Aufmerksamkeit ist immer dort geboten, wo das Vergleichen mit anderen, wo Wettbewerb und Konkurrenz Neid in uns wecken. Hier besteht die Gefahr, dass der eigene Selbstwert leidet und wir uns schlecht fühlen, während wir zugleich mit geschönten Posts selbst zur Spirale der Idealisierung beitragen. Wie viel Wettbewerb tut mir gut, weil er mich anspornt? Welcher Teil beschädigt jedoch eher mein Selbstwertgefühl? Manchen Menschen gelingt es, den Wettbewerb als »Spiel« zu sehen und sich zugleich innerlich eine gewisse Distanz dazu zu erhalten. Wem dies nicht gelingt, kann sich schützen, indem er sich vorübergehend oder vollständig auf der entsprechenden Plattform abmeldet.

Regelmäßiges digitales Ausmisten kann viel Leichtigkeit erzeugen und gibt uns einen Teil unserer Kontrolle zurück: Wir können Abonnements kündigen, Gruppen verlassen, Profile abmelden oder ruhen lassen, wir können Accounts blockieren, Apps löschen oder Funktionen einschränken. Das Entrümpeln ist eine Gelegenheit, die eigene virtuelle Identität zu klären, persönliche Daten im Netz zu reduzieren, alte, ungenutzte Profile zu löschen und das virtuelle

Ich auf die persönlich wichtigen Elemente zu beschränken. Indem wir unsere digitalen Daten ordnen und virtuell ausfegen, ordnen wir auch unsere Gedanken und verschaffen uns einen Überblick. Wir reduzieren den Erwartungsdruck und die Zeit, die wir mit der Pflege von Profilen verbringen. Weniger ist manchmal mehr, auch in den sozialen Netzwerken.

Wer damit beginnt, digital zu entrümpeln, spürt womöglich eine Angst, nicht mehr alles mitzubekommen und nun etwas zu verpassen. Diese Angst ist einerseits berechtigt, weil wir nach dem Entrümpeln ja wirklich weniger Informationen bekommen. Andererseits geht es beim Aussortieren genau darum, Prioritäten zu setzen und sich mehr Ruhe zu verschaffen. Dafür müssen wir tatsächlich etwas Mut zur Lücke aufbringen. Aber das ist kein Grund zur Sorge, denn ganz egal, wie viel wir über das Internet kommunizieren und uns informieren, dessen unendliche Weite sorgt dafür, dass wir immer etwas verpassen, auf wie vielen Plattformen auch immer wir unterwegs sind.

Lebensmomente dem analogen Leben vorbehalten

Der Sog der digitalen sozialen Medien ist sehr stark, und so verwundert es nicht, wenn wir uns stundenlang ans Smartphone fesseln lassen und uns anschließend gerädert statt erholt fühlen. Die digitalen Medien können große Macht über uns gewinnen und uns innerlich abhängig machen. Die Gefahr der Abhängigkeit ist so stark, dass sich als Gegenbewegung bereits ein eigener Begriff dafür herausgebildet hat: »Digital Detox« heißt übersetzt »digitale Entgiftung« und beschreibt alle Maßnahmen, mit denen Menschen versuchen, ihre innere Autonomie zurückzugewinnen und wieder mehr Zeit ohne Smartphone und ohne digitale Medien zu verbringen.[8]

Digitales Entgiften ist kein Selbstzweck, vielmehr geht es darum, Lebensqualität (zurück) zu gewinnen. Deshalb brauchen wir eine Vorstellung davon, was für uns Lebensqualität bedeutet: Was macht mich glücklich und zufrieden? Was ist mir wichtig? Wer oder was gehört zu meinem Leben wesentlich dazu? Dabei sollten wir einmal unseren Blick über unsere digitale Existenz hinaus weiten und unser ganzes Leben betrachten. Dies erleichtert es, unsere analogen Lebensbereiche und unsere Beziehungen stärker zu gewichten und unsere digitalen Aktivitäten als einen Bestandteil unseres Lebens neben anderen zu begreifen. Eine der wichtigsten Fragen dabei kann sein: Wann und wo brauche ich Zeiten oder Räume, die ich teilweise oder ganz meinem analogen Leben vorhalte? Das Schlafzimmer bietet sich beispielsweise als Ort an, aus dem man jegliche digitale Ablenkung verbannt, um innerlich ganz zur Ruhe kommen, tief schlafen und sich gut erholen zu können. Die Anschaffung eines Weckers ist dazu hilfreich, damit das Smartphone nachts auch physisch aus dem Raum entfernt werden kann. Zu Beginn des Feierabends kann es sich lohnen, kurz innezuhalten und zu entscheiden: Wie viel Smartphonezeit nehme ich mir heute Abend? Welche anderen Aktivitäten entspannen mich ebenfalls, vielleicht sogar besser? Wann schalte ich das Smartphone ab – um selbst einmal ganz abschalten zu können?

Genießen wir den Luxus, ab und zu unverfügbar zu sein! Auch das ist Lebensqualität. Das ist jedoch leichter gesagt als getan, weil sich allgemein die Erwartung eingebürgert hat, dass wir allzeit erreichbar, immer online sind. Deshalb ist es wichtig, das Thema im Freundeskreis zu besprechen, die eigenen Bedürfnisse zu kommunizieren und miteinander Vereinbarungen zu treffen. So kann es beispielsweise hilfreich sein, sich gegenseitig die »Erlaubnis« für digitale Auszeiten zu geben oder andere klare Regelungen für den Gruppenchat zu treffen, um möglichen Vorwürfen vorzubeugen.

Es bedarf vermutlich der Umgewöhnung, wenn wir uns dazu entscheiden, manche Lebensmomente dem analogen Leben vorzubehalten und das Smartphone einmal zu Hause zu lassen, wenn wir einen Spaziergang machen oder uns mit Freunden treffen. Manchen Menschen mag es bereits schwerfallen, das Smartphone nur für die Dauer eines Abendessens auf Flugmodus zu stellen und es in der Tasche zu lassen, anstatt es griffbereit auf den Tisch zu legen. Neue Gewohnheiten zu entwickeln, braucht immer etwas Zeit, Geduld und Übung, damit diese uns selbstverständlich werden. Aber vielleicht stellen wir schon bald fest, dass es sich lohnt. Dass wir unser Leben im Hier und Jetzt intensiver wahrnehmen. Dass wir das Essen mehr genießen, wenn wir nicht dabei unterbrochen werden. Dass unsere Gespräche an Tiefe gewinnen, weil wir uns besser auf unser Gegenüber einlassen und uns besser konzentrieren und zuhören können. So vielseitig die digitale Welt einerseits ist, so beschränkt ist sie andererseits. Unser analoges Leben bietet so viel mehr an sinnlichen Reizen und möglichen Erfahrungen. Diese können dem Leben eine eigene Qualität und eine tiefere Dimension verleihen.

Indem wir uns erlauben, die digitale Ablenkung und Kommunikation einmal auszuschalten, öffnen wir uns zugleich der Magie des gelebten Augenblicks, die manchmal ganz spontan und überraschend entsteht und uns emotional berührt. Sie lässt sich in ihrer Besonderheit weder durch eine Linse erleben noch über ein Medium übermitteln: die Magie in einem Moment tiefen Verstehens unter Freunden; die Magie eines Lächelns; die Magie von Musik, die im Augenblick des Zusammenspiels entsteht; die Magie des Abendrots, dessen farbenprächtiges Leuchten die Welt verzaubert. All das sind Momente, die das Herz zutiefst berühren und ein intensives Gefühl von Verbindung, Freude, Dankbarkeit und Glück auslösen können.

Bildungsstress loslassen

»In meinem Wohnzimmer stapeln sich meterhoch Papierberge. Zeitschriften, ausgeschnittene Artikel, Flyer für Veranstaltungen und vieles mehr. Eigentlich könnte ich die alle wegschmeißen, aber ich schaffe es nicht. Immer habe ich Angst, ich könnte später etwas suchen, was ich weggeworfen habe.« Viele Menschen sammeln Informationen und Wissen und belasten sich dadurch ungemein. Sie halten daran fest, auch wenn sie darunter leiden. Ich selbst habe ebenfalls so meine Stapel, die unbarmherzig anwachsen. Manchmal scheint es mir, als ob wir damit unsere einmal erworbene Bildung festhalten und diese uns selbst und gegenüber anderen nachweisen wollten.

Bildung der Persönlichkeit

Dabei ist Bildung doch vor allem eins: ein ganz wunderbares Geschenk der Natur an den Menschen. Eine spezifische Eigenschaft des menschlichen Wesens ist seine Fähigkeit zu denken. Unser Verstand lässt uns Zusammenhänge erkennen und uns selbst als Teil einer größeren Welt begreifen. Denkend setzen wir uns mit ihr und mit unseren Mitmenschen auseinander und reflektieren unsere persönlichen Erfahrungen. Im gemeinsamen Austausch und Handeln eignen wir uns die Welt an und entwickeln das, was wir Persönlichkeit oder Identität nennen.

Insbesondere Wilhelm von Humboldt prägte dieses ganzheitliche Verständnis von Bildung als eine kontinuierliche, lebenslange Ausprägung unserer Persönlichkeit[9]. In diesem Sinn umfasst Bildung ganz grundlegend die menschliche Fähigkeit zu denken, Gefühle wahrzunehmen und einzuschätzen und im sozialen Miteinander verantwortlich zu handeln. Im Prozess der Bildung eignen wir uns Wissen an und lernen, dieses im gesellschaftlichen Kontext einzuordnen und praktisch anzuwenden. Wir entdecken und erweitern unsere persönlichen Talente und kreativen Fähigkeiten. Wir bilden Meinungen aus und lernen, Entscheidungen zu treffen. Wir entwickeln unsere innere Autonomie und unsere Fähigkeit zur Selbstbestimmung. Eine ganzheitliche Bildung ermöglicht uns ein tieferes Verstehen des menschlichen Wesens und der Welt, in der wir leben. Bildung ist die Nahrung für unseren Geist, der sich fortwährend weiterentwickeln möchte. Das Bedürfnis nach Bildung ist tief in uns verwurzelt. Dies zeigt sich bereits bei kleinen Kindern, die ihre Umgebung erforschen, beobachtetes Verhalten nachahmen, die lernen und experimentieren und so versuchen, die Welt zu begreifen.

Bildung ist ein vielschichtiger und facettenreicher Prozess. Unser Verstand erlaubt es uns, uns Wissen anzueignen und Kulturtechniken wie Lesen oder Rechnen zu lernen sowie Werkzeug zu benutzen oder ein Musikinstrument zu spielen. Wir sind darüber hinaus imstande, äußerst komplexe Zusammenhänge zu erfassen, unser Wissen in praktisches Handeln umzusetzen sowie kreativ neue Wege und Lösungen zu entwickeln. Unsere Fähigkeit zu denken versetzt uns im Zusammenspiel mit unserer sinnlichen Wahrnehmung in die Lage, Strukturen und Muster zu erkennen – sowohl in der physischen Umwelt als auch im emotionalen Erleben und im menschlichen Handeln. Wir sehen und verstehen das Muster von Meereswellen oder Gesteinsschichten, aber auch Muster der Liebe, der Wut, der Gier oder der Solidarität. In begrenztem Maß gelingt es uns sogar, aufgrund dieser Muster Vorhersagen von Entwicklungen zu treffen und unser Handeln danach auszurichten. Dies verdanken wir der menschlichen Fähigkeit, abstrakt zu denken, was uns eine Vorstellung von Vergangenheit und Zukunft gibt. Wir können uns in andere hineinversetzen, uns in sie hineinfühlen und -denken und Empathie empfinden. Wir können Geschichten erfinden und mit diesen andere Menschen in den Bann ziehen. Wir erleben die Welt mit unseren Sinnen und verorten uns sinnlich und kreativ in der Welt. Wir reden und schreiben, wir singen und musizieren, wir gestalten, malen, modellieren und schneidern, wir kopieren, recyceln und erfinden Neues. All das sind Aspekte von Bildung.

Wenn Wissenslücken Stress erzeugen

Im alltäglichen Zusammenleben wird Bildung jedoch häufig in sehr reduzierter Weise verstanden. Als gebildet gilt in der Regel, wer einen hohen Bildungsabschluss und einen entsprechenden Beruf vorweisen kann, wer sich sprachlich gut ausdrücken und bei den unterschiedlichsten Themen mitreden kann. Diese einseitige Sicht auf Bildung, die sich hauptsächlich am erworbenen Wissen und der persönlichen Intellektualität orientiert, kann Menschen unbewusst unter Druck setzen.

In der Entrümpelungsberatung erzählen mir viele von ihren übervollen Bücherregalen, von über Jahre gesammelten Zeitschriften, von reihenweise Ordnern mit alten Ausbildungs-, Studien- oder Weiterbildungsunterlagen. Dazu gesellen sich unzählbare digitale Ansammlungen: Massen von Newslettern, Mails mit »wichtigen« oder interessanten Informationen oder Links auf entsprechende Internetseiten. Zu viele, als dass sie jemals alle gelesen werden könnten. Die Sammelnden leben in einem permanenten Widerspruch: Einerseits fühlen sie sich gestresst durch die unüberschaubare Menge ihrer Ansammlungen, andererseits bringen sie es nicht übers Herz, etwas wegzuwerfen. Wenn ich die Ratsuchenden frage, was sie daran hindere, die Bücherregale auszusortieren, die alten Zeitschriften oder Zeitungsausschnitte zu entsorgen oder die alten E-Mails kurzerhand zu löschen, schlägt mir meist impulsive Abwehr entgegen: »Das brauche ich vielleicht noch einmal!« oder »Aber das sind doch interessante Sachen!«.

Im Gespräch zeigt sich, dass die meisten dieser Menschen in ihrem tiefsten Inneren wissen, dass sie die Fachbücher und Seminarunterlagen, wenn sie einige Jahre oder gar Jahrzehnte alt sind, nie mehr anschauen werden, weil das darin enthaltene Wissen überholt ist. Sie wissen im Grunde ihres Herzens auch, dass sie die gesammelten Zeitungsartikel nie mehr lesen werden, weil die tägliche Informationsflut ja nicht weniger wird und weil nie die Zeit bleiben wird, um die alten Artikel zu suchen und noch einmal zu lesen. Vermutlich wären sie auch nicht in der Lage, eine gesuchte Information im meterhohen Stapel wiederzufinden.

Wissen auf diese Art zu sammeln kann wohl als eine Art Schutzhandlung verstanden werden: Es soll davor schützen, Informationen unwiederbringlich zu verlieren, einmal erworbenes Wissen zu vergessen oder etwas zu verpassen. Es soll auch vor der hochgezogenen Augenbraue eines konkreten oder auch nur gedachten Gegenübers schützen und vor dessen Frage: »Wie, das weißt du nicht?« Eine scheinbar harmlose Frage, die jedoch mitten ins Herz trifft, wenn sie das Selbstwertempfinden eines Menschen berührt. Dann kann sie Gefühle von Kränkung und Scham auslösen.

Zugehörigkeit durch Bildung

Diese Scham, etwas nicht zu wissen oder als weniger kompetent zu gelten, kann im beruflichen Bereich in der Konkurrenz unter Kolleginnen und Kollegen auftreten. Sie kann sich aber auch im Alltagsgespräch unter Freunden einstellen. Was, wenn die anderen merken, dass ich den megaheißen Hit, die bekannte Politikerin oder den angesagten Schauspieler nicht kenne? Was, wenn ich in einer Diskussion nicht mithalten kann, weil ich zu wenig über den Sachverhalt weiß? Die Scham kann sogar schon durch die Ankündigung eines Besuchs hochkommen: Was wird der Bekannte oder die Freundin denken, wenn er oder sie mein Bücherregal sieht? Sind meine Bücher gut/intelligent/interessant genug? Dahinter liegt die Angst, sich zu blamieren und dumm dazustehen. Scham entsteht in Situationen, in denen Menschen ihre eigene Unzulänglichkeit wahrnehmen und zugleich um ihr Ansehen fürchten, wenn sie Angst haben, negativ aufzufallen oder gar aus der Gruppe ausgeschlossen zu werden.

Wir sind soziale Wesen, wir brauchen andere Menschen, Gruppen und Gemeinschaften, um unsere vielfältigen Bedürfnisse zu befriedigen und unser menschliches Potenzial auszuschöpfen. Wir wollen dazugehören und teilhaben, uns austauschen und uns im Kontakt mit anderen spüren. Unsere Beziehungen und die Zugehörigkeit zu Gruppen und Gemeinschaften wirken sich ganz wesentlich darauf aus, ob wir uns wohlfühlen und ob es uns gut geht.

Allerdings sind die Dynamiken in Beziehungen und Gruppen nicht immer einfach. Wir Menschen haben eine Neigung dazu, unablässig alles zu bewerten, was um uns herum geschieht. Zugleich fürchten wir die Bewertung der anderen. Diese Angst kann sich selbst in Freundschaften einschleichen. In Gruppen sind unbewusste Bewertungsprozesse Bestandteil der Gruppendynamik. Hier werden mehr oder weniger aktiv die Voraussetzungen definiert, um dazuzugehören, aber auch die Grenzen der Gemeinschaft. Dafür entwickelt die Gruppe eine Art informellen Verhaltenskodex. Das sind ungeschriebene Regeln, die von allen Mitgliedern mehr oder weniger und meist unbewusst befolgt werden. Dazu gehört beispielsweise eine bestimmte Art zu sprechen oder sich zu kleiden. Dazu gehören oftmals kulturelle Vorlieben wie der Musikstil, der in der Gruppe bevorzugt gehört wird, oder die Festlegung, ob die Gruppenmitglieder eher die Oper oder das Fußballstadion besuchen. Auch der soziale Status, der Bildungsstand und die berufliche Karrierestufe kann für die Zugehörigkeit zu einer Gruppe eine wesentliche Rolle spielen.

Gerade in einer Wissens- und kapitalistischen Leistungsgesellschaft wie der unseren wird dem Bildungsstand und dem sozialen Status häufig eine überdurchschnittliche Bedeutung beigemessen. Unser leistungsbezogenes Wirtschaftsmodell vermittelt uns, dass beruflicher Erfolg und sozialer Status aus eigener Kraft und durch eigene Leistung erarbeitet werden können, und überhöht daher diese vermeintliche Leistung. Die Realität ist jedoch eine andere. Unser formales Bildungssystem und unsere Wirtschaft folgen einem sehr hierarchischen Regelwerk aus Bildungsabschlüssen und Karrieremöglichkeiten, das viele Menschen teilweise schon sehr früh von Karrierechancen ausschließt.[10] Das System ist undurchlässig und schafft soziale Ungleichheit. Die Benachteiligung von Menschen mit Migrationshintergrund und geschlechtsspezifische Ungleichbehandlung im Arbeitsleben seien hier nur kurz erwähnt. Die Deregulierung des Arbeitsmarktes und die Schaffung eines breiten Niedriglohnsektors haben zudem dazu geführt, dass Abstiegsängste in der Mitte der Gesellschaft angekommen sind. Auch körperliche und psychische Krankheiten können wirtschaftlichen und sozialen Abstieg bedeuten. Und so ist eine gute formelle Bildung heute zwar Voraussetzung, um am wirtschaftlichen und gesellschaftlichen Leben teilzuhaben, aber längst keine Garantie mehr. Dies schafft Unsicherheit und bedroht unser Bedürfnis nach Zugehörigkeit und Teilhabe. Die Unsicherheit einerseits und die überhöhte gesellschaftliche Bewertung von Leistung und Karriere andererseits bilden den Raum, in der Gefühle wie Scham entstehen können.

Die Digitalisierung hat das Problem der Ungleichheit und mangelnder Teilhabe nicht aufgelöst. Einerseits eröffnete sie für viele Menschen neue Gestaltungsmöglichkeiten und auch (Karriere-) Chancen, die ihnen durch »klassische« Bildung und Ausbildung nicht möglich gewesen wären. Zudem gibt es im Netz und den digitalen Communitys in gewisser Weise weniger Hierarchien als in der Gesellschaft. Gleichzeitig jedoch hat die Digitalisierung eine ganze Bandbreite an schlecht bezahlten und prekären Arbeitsplätzen geschaffen und durch die weltweite digitale Vernetzung die Möglichkeit zur Ausbeutung von Arbeitskräften erweitert. Auch in den Anwendungen der digitalen Medien sind die Unterschiede enorm: Einerseits verdienen wenige Influencer sehr viel Geld mit ihren digitalen Aktivitäten, die meisten User sind jedoch von diesem Ruhm, der sich auch finanziell ausdrückt, ausgeschlossen. Wie viele Menschen sich wohl den Anschein von Zugehörigkeit mit Konsum erkaufen, die angesagten Produkte teuer erwerben und die eigene Darstellung im Web beschönigen, um ihre Scham zu verstecken und Erfolg vorzutäuschen?

Sich mit den eigenen Bildungslücken aussöhnen

In meinen Beratungen erlebe ich, dass die Scham über eigene Bildungs- und Wissenslücken weitverbreitet ist, und zwar unabhängig vom tatsächlichen beruflichen Werdegang oder sozialen Status. Diese Scham kann emotional sehr belasten. Und sie kann im analogen Leben dazu führen, dass Menschen unbewusst »Bildungsnachweise« und Informationen sammeln, um die eigenen vermeintlichen Defizite zu verbergen. Diese Ansammlungen sollen eine Art »Airbag« bilden und emotionale Sicherheit vermitteln.

Aber das Gegenteil ist der Fall: Sie bedeuten eine zusätzliche Belastung, weil die Papierstapel und Mailansammlungen häufig nicht mehr zu überschauen sind und vielen über den Kopf wachsen. Zudem halten uns unsere uferlosen Papier- und Informationssammlungen in unserem Schamgefühl gefangen, anstatt uns daraus zu befreien. Demgegenüber nehmen Selbstvertrauen und der Mut, zu uns und unserer menschlichen Unzulänglichkeit zu stehen, der Scham ihre Grundlage. Indem wir lernen, uns mit all unseren Eigenheiten und (vermeintlichen) Schwächen anzunehmen, können wir die Scham allmählich überwinden. Wenn wir unsere Unvollkommenheiten als Teil unseres menschlichen Selbst akzeptieren können und Frieden mit ihnen schließen, brauchen wir uns nicht mehr vor ihnen zu fürchten und müssen uns und anderen nichts mehr vorspielen.

Dies ist ein Lernprozess, der erfordert, die hohen Ansprüche, die wir häufig an uns stellen, kritisch zu hinterfragen und anzupassen. Beispielsweise unser Anspruch, möglichst viele Informationen abzuspeichern, um sie bei passender Gelegenheit abrufen zu können. Das mündet fast unweigerlich in einer Überforderung. Das Gedächtnis verfügt aus gutem Grund über Filter, die uns vieles wieder vergessen lassen. Unser Gehirn wäre im unablässigen Informationsfluss unseres Alltags nicht funktionsfähig, wenn es alle Informationen aufnehmen und abspeichern würde. Vielmehr hilft es uns dabei, laufend auszusortieren und unsere Gedankengänge frei von überschüssigen (Detail-)Informationen zu halten. Unser Gehirn ist also ein wichtiger, unverzichtbarer Entrümpelungshelfer, der uns lebensfähig macht. Zugleich integriert es viele Informationen in unser Denken ganz nebenbei, ohne dass wir uns dafür anstrengen müssen.

Diese unbewussten Vorgänge unseres Gehirns können als Vorbild für unser bewusstes Denken und Handeln dienen: Mut zur Lücke macht uns gelassener und kann viel Leichtigkeit ins Leben bringen. Alles, was wir lediglich zur Erhaltung unseres Selbstwertes aufgehoben haben, können wir aussortieren, wenn wir zu unserer menschlichen Unvollkommenheit stehen.

Indem wir uns mit unserem Bildungsstand und unseren persönlichen Bildungs- und Wissenslücken aussöhnen, reduzieren wir unser alltägliches Stresslevel. Wer sich selbst zugesteht, etwas nicht zu wissen, Zusammenhänge nicht zu verstehen oder einmal erworbenes Wissen wieder vergessen zu dürfen, muss sich nicht mehr verstecken. Sich selbst anzunehmen stärkt das Selbstwertgefühl und macht weniger anfällig für Kränkungen. Wohlwollen kann uns dabei helfen, uns mit unserer Lebensgeschichte, unseren Entscheidungen und Entwicklungen auszusöhnen und unseren Selbstwert nicht an beruflichem Erfolg, gesellschaftlichem Status oder gebildetem Auftreten zu messen. Indem wir uns selbst akzeptieren, können wir der Frage »Wie, das weißt du nicht?« gelassen mit »Nein, aber erzähl mir mehr darüber« begegnen.

Menschen, die diesen Weg gehen, die mutig zu sich stehen und sich offenbaren, werden vermutlich feststellen, dass ihre Sorge, die Anerkennung ihrer Freunde und Freundinnen zu verlieren, meist unbegründet war. Im besten Fall kann die eigene Offenbarung den anderen dabei helfen, sich ebenfalls ehrlicher zu zeigen. Und sie ermöglicht das Erleben, dass Zugehörigkeit auf vielen Faktoren wie geteilten Vorlieben, gemeinsamen Wertvorstellungen, Humor, emotionalem Einverständnis, helfendem Handeln und vielem mehr beruht. All diese Aspekte machen eine Beziehung wertvoll und lebendig. Im ehrlichen Austausch lernen wir gemeinsam, unseren gewachsenen persönlichen Beziehungen zu vertrauen und innerlich zu entspannen.

Bildung als Geschenk begreifen

Reduzieren wir den Erwartungsdruck auf uns selbst, fühlen wir uns leichter. Es ist befreiend, sich weniger mit der eigenen Außenwirkung und der sozialen Anerkennung beschäftigen zu müssen. Wir verschaffen uns dadurch inneren Raum und einen klareren Blick für uns selbst. Wenn wir den Anspruch ablegen, als gebildet gelten zu wollen, und aufhören, dafür Wissen anzusammeln, können wir Bildung leichter in ihrer ganzheitlichen Bedeutung begreifen: als eine vielschichtige Auseinandersetzung mit der Welt, dem Menschsein und der eigenen Rolle darin; als einen wunderbaren und aktiven Prozess, in dem wir unsere individuelle Persönlichkeit herausbilden und ein Leben lang weiterentwickeln; als ein Geschenk der Schöpfung an die Menschheit.

Unsere moderne Gesellschaft bietet einen unerschöpflichen Fundus an Anregungen, sich mit der Welt und sich selbst auseinanderzusetzen. Auch hier hat die Digitalisierung neben den klassischen Zugängen zu Kultur neue, ergänzende und auch viele kostengünstige und kostenlose Angebote hervorgebracht. Wesentlich im Sinn einer ganzheitlichen Bildung ist, dass wir die Angebote nicht einfach nur oberflächlich konsumieren, sondern neugierig und offen sind, dass wir uns mit ihnen auseinandersetzen und uns von ihnen anregen lassen. Und dass wir uns in unserem Herzen berühren lassen.

Bildung in diesem Sinn braucht Zeit und Muße, die nicht jedem Menschen gleichermaßen zur Verfügung stehen. Andererseits genügt manchmal ein kurzes Innehalten, um sich einer Situation, eines Gefühls oder eines Gedankens bewusst zu werden und diesen zu verarbeiten. Beispielsweise, indem wir nach dem Beenden eines Buches diesen Moment genießen und das Buch oder einen Gedanken daraus noch einmal Revue passieren lassen. Oder nach einem Film nicht sofort in den nächsten schalten, sondern ihn nachwirken lassen und die eigenen Empfindungen wahrnehmen. Indem wir das Smartphone einmal zur Seite legen, um uns einem Thema intensiver zu widmen. Bildung bedeutet auch, sich den »Luxus« zu erlauben, einzelnen Gedanken und Ideen nachzugehen, um zu einem tieferen Verständnis zu gelangen. Bildung kann so dazu beitragen, dass wir dem Leben achtsamer begegnen und es intensiver wahrnehmen.

Belastendes Pflichtgefühl abstreifen

»Erst die Arbeit, dann das Vergnügen.« Mit diesem Satz bin ich selbst aufgewachsen, und er hat mich ganz wesentlich geprägt. Die Arbeit, also die Pflicht, steht an erster Stelle, wurde mir damit vermittelt, die eigenen Bedürfnisse müssen sich ihr unterordnen. In meinen Beratungen zum Thema Loslassen begegne ich vielen Menschen, die ebenfalls ein sehr ausgeprägtes Pflichtgefühl verinnerlicht haben. Sie sind oftmals sehr streng mit sich selbst und verlangen sich viel ab. Ihr Blick ist meist auf die Bedürfnisse und Erwartungen von anderen gerichtet und sie versuchen, diese bestmöglich zu erfüllen. Sie haben gelernt, anderen Menschen die Wünsche von den Augen abzulesen oder sie aus kleinsten Gesten zu erkennen und zwischen den Zeilen des Gesagten herauszuhören. Und so kommt es manchmal dazu, dass sie darin mehr lesen, als ihr Gegenüber tatsächlich erwartet. Ihre eigenen Bedürfnisse stellen sie hintan oder nehmen sie noch nicht einmal wahr, denn sie haben gelernt, dass diese nicht zählen. »Nimm dich nicht so wichtig«, haben sie vielleicht in ihrer Kindheit gehört.

Lebensfreude durch solidarisches Handeln

Pflichtbewusste Menschen sind meist sehr hilfsbereit und übernehmen in ihrem alltäglichen Leben viel Verantwortung. Sie unterstützen andere Familienmitglieder, Freunde und Bekannte oder engagieren sich ehrenamtlich. Sie springen ein, wenn irgendwo Not an Mann oder Frau ist. Sie sagen selten Nein, wenn sie um Hilfe gebeten werden, und wenn sie eine Aufgabe übernommen haben, versuchen sie, diese gut zu erledigen. Sie sind zuverlässig und werden dafür geschätzt.

Ihre Hilfsbereitschaft kommt ihrem Umfeld zugute, aber auch sie selbst profitieren davon. Indem sie sich engagieren, gestalten sie ihr soziales Umfeld nach ihren Wertvorstellungen mit und machen sich dadurch sichtbar. Ihre solidarische Haltung setzen sie in praktisches Handeln um und verwirklichen sich selbst in ihrem Engagement. So nehmen sie ihren Platz in der Gesellschaft ein und erleben ihr eigenes Tun als wirksam, nützlich und sinnvoll. Sie können sich gebraucht fühlen und erhalten Dankbarkeit und Anerkennung für ihr Engagement. Es ist ein gutes Gefühl, jemandem geholfen zu haben oder im Zusammenwirken mit anderen auf gesellschaftlicher Ebene etwas erreicht zu haben. Menschen, die sich ehrenamtlich engagieren, erleben den Zusammenhalt in der Gruppe, die Gemeinschaft und das solidarische Handeln zumeist als wertvoll und sinnstiftend. Das gemeinsame Engagement kann viel Freude machen und das eigene Leben bereichern.

So erscheint es jedenfalls von außen betrachtet, und häufig ist es auch genauso. Es kann aber auch sein, dass sich verantwortungsbewusste und engagierte Menschen müde und frustriert fühlen und in ihrem Engagement nicht die Erfüllung finden, die sie sich wünschen.

Belastung durch grenzenloses Helfen

Diese Gefahr besteht dann, wenn Menschen regelmäßig mehr helfen, als ihnen selbst guttut, und sie dadurch aus der Balance geraten.[11] Ihr stark ausgeprägtes Pflichtbewusstsein verleitet sie dazu, die eigenen Grenzen immer wieder zu überschreiten und über ihre Kräfte zu gehen. Sie übernehmen Verantwortung, auch wenn es sie viel Kraft kostet und sie eigentlich eine Pause bräuchten. Manchmal haben sie vielleicht den Eindruck, ausgenutzt zu werden, und ärgern sich darüber. Aber selbst dann fällt es ihnen schwer, Nein zu sagen. Sie lassen sich immer wieder dazu überreden, doch mit anzupacken, und machen gute Miene zum unguten Spiel. Im tiefsten Inneren wünschen sie sich, selbst einmal gesehen zu werden und Hilfe zu bekommen. Bietet ihnen aber jemand Hilfe an, lehnen sie das in falscher Bescheidenheit ab: »Nein danke, ist nicht nötig. Ich komme schon klar.« Sie haben gelernt, anderen zu helfen, sie haben es aber nicht gelernt, selbst Hilfe anzunehmen. Diese Menschen haben die helfende Rolle verinnerlicht und sie als Teil ihrer Identität angenommen. Und sie halten an ihr fest, auch wenn sie darunter leiden.

Die Belastung, die durch grenzenloses Helfen entsteht, kann sich auf vielfältige Weise äußern. Manche fühlen sich traurig und deprimiert, wenn sie dauerhaft zu viel geben und zu wenig für sich sorgen. Ihnen selbst mag dieser Zusammenhang gar nicht klar sein, und womöglich wundern sie sich über ihre negativen Gefühle. Vielleicht verurteilen sie sich sogar dafür, dass sie mit ihrem Leben nicht so zufrieden sind, wie sie es aus ihrer Sicht eigentlich sein müssten. Gelingt es ihnen auf Dauer nicht, ihre erlernte Rolle zu durchbrechen und sich angemessen um ihre eigenen Bedürfnisse zu kümmern, besteht die Gefahr, dass ihre Niedergeschlagenheit sich in eine Depression verwandelt und verfestigt. Nicht selten tragen Menschen mit einem hohen Pflichtbewusstsein auch einen latenten Groll in sich. Sie ärgern sich darüber, wenn andere ihre eigenen Bedürfnisse ganz selbstverständlich verfolgen und immer zuerst nach sich selbst schauen. Sie ärgern sich vielleicht auch darüber, dass diese gerne Hilfe annehmen, aber nie anbieten. Sie selbst haben das Gefühl, immer irgendwie zu kurz zu kommen. Und sie leiden darunter, dass ihre Hilfsbereitschaft nicht angemessen anerkannt wird und sie zu wenig Dankbarkeit dafür erfahren.

Wenn sich derartige Gefühle regelmäßig einstellen, sind wir innerlich aus dem Gleichgewicht. Nicht selten gesellen sich durch die andauernde Belastung zu den psychischen Beschwerden körperliche hinzu. Und so kann es geschehen, dass der Körper uns zu einer Pause zwingt, die wir uns selbst nicht einräumen konnten.

Ein Ausweg aus einer derartigen schädlichen Helferrolle muss nicht notwendigerweise in deren Gegenteil liegen, also im Ablehnen jeglichen Helfens. Wir können ihn eher darin finden, eine stimmige Balance zwischen Engagement für andere und unseren eigenen Bedürfnissen herzustellen.

Die Ausprägung der helfenden Rolle

Die Rollen, die wir im Zusammenleben mit anderen Menschen einnehmen, bilden sich zu großen Anteilen bereits in der frühen

Kindheit aus. Neben dem eigenen Charakter prägen die Erwartungen der Eltern oder auch die eigene Stellung in der Geschwisterreihe das Verhalten der heranwachsenden Kinder. Von Geburt an erleben sie Zuschreibungen durch ihr Umfeld: Sie werden bald als süß, verspielt, ruhig, tapsig, lebhaft, trotzig, klug, wild, chaotisch oder ordentlich bezeichnet. Die Kinder lernen, sich dementsprechend zu verhalten und sich darüber auch von den anderen Geschwistern abzugrenzen. Aus dem je eigenen Verhalten und den Zuschreibungen der Erwachsenen bilden sich allmählich Erwartungen gegenüber dem Kind heraus.

Menschen mit einem ausgeprägten Pflichtgefühl und einer hohen Bereitschaft, Verantwortung für andere zu übernehmen, haben diese Rolle meist schon sehr früh eingeübt. Vielleicht war die familiäre Situation dergestalt, dass sie als kleines Kind bereits Verantwortung übernehmen mussten, beispielsweise als ältestes von mehreren Geschwistern, als Kind überforderter Eltern, als Kind eines kranken Elternteils oder als Bruder oder Schwester eines behinderten Geschwisterkindes. Es sind verschiedenste Konstellationen denkbar, die dazu führen, dass sich Kinder übermäßig verantwortlich fühlen. Weil ihre eigenen Bedürfnisse von den Erwachsenen nicht wahrgenommen werden, lernen sie es ebenfalls nicht, sondern legen ihren Fokus auf das Wohl der anderen. Menschen, die heute über 70 sind, betrifft dies noch einmal in besonderer Weise: Die autoritäre Erziehung der Nazizeit, die auch noch die Nachkriegsgenerationen prägte, war auf Härte ausgerichtet.[12] Zudem musste während der Nachkriegszeit das bloße Überleben gesichert werden; für individuelle Bedürfnisse war kein Raum. Mit viel Disziplin arbeiteten die Menschen daran, ihre ökonomische Existenz wiederaufzubauen. Die Kinder mussten dabei von klein auf mitarbeiten und zum Wohl der Familie »funktionieren«. So haben viele dieser Generation nicht gelernt, eigene Bedürfnisse überhaupt zu erkennen, geschweige denn zu äußern. Die Erfahrung, dass das Funktionieren der Familie an erster Stelle steht und die eigenen Bedürfnisse keine Rolle spielen, wurde in vielen Fällen auch an die nachfolgenden Generationen weitergegeben.[13]

Ein soziales Umfeld und ein Erziehungsstil, die auf die traditionellen Geschlechterrollen ausgerichtet sind, können die Wahrnehmung eigener Bedürfnisse zusätzlich erschweren. Insbesondere das klassische Rollenbild der Frau als Fürsorgerin der Familie kann dazu führen, dass Mädchen von klein auf lernen, sich um andere zu kümmern und andere wichtiger zu nehmen als sich selbst. Aber auch das traditionelle Rollenbild des Mannes als (alleiniger) Versorger der Familie kann bewirken, dass Männer unter dem Druck der Verantwortung für die finanzielle Existenz der Familie es sich nicht erlauben, ihre eigenen Bedürfnisse zu spüren.

Eine einmal »gewählte« Rolle – wobei diese »Wahl« eben als eine frühe, unbewusste Reaktion auf das familiäre Umfeld zu verstehen ist – wiederholen Menschen meist in unterschiedlichsten Lebenszusammenhängen. Ein Kind, das gelernt hat, sich vorwiegend um andere zu kümmern, wird in der Kindergruppe im Spiel womöglich häufig helfende Rollen einnehmen, in der Schule bei Gruppenarbeit Verantwortung für das gemeinsame Ergebnis übernehmen und als Erwachsener am Arbeitsplatz immer für andere einspringen, wenn es eng wird. In der Partnerschaft wird dieser Mensch sich um die Bedürfnisse der Partnerin oder des Partners kümmern und dafür eine (vielleicht allzu) hohe Aufmerksamkeit haben.

Alte Glaubenssätze loslassen

Da sich eine einmal verinnerlichte Rolle in unser ganzes Wesen, unser Fühlen, Denken und Handeln eingeprägt hat, ist es nicht leicht, sich daraus zu befreien, selbst wenn unser Verstand bereits erkannt hat, wie sehr sie uns belastet. Sie beruht auf starken inneren Grundüberzeugungen, die wir in unserer Kindheit unbewusst, teilweise schon in vorsprachlicher Zeit angenommen haben. Diese Grundüberzeugungen, auch Glaubenssätze genannt, sind fest in uns verankert und werden von uns als »unverrückbare Tatsachen« [14] erlebt. Sie sind uns auch in der Gegenwart in der Regel nicht bewusst, sondern steuern unbemerkt unsere Empfindungen, unsere Gedanken und unser Verhalten. Ein Satz einer Freundin, eine Geste des Vaters oder ein Blick der Chefin reichen aus, um immer wieder dieselben bekannten Gefühls- und Verhaltensmuster zu aktivieren.

Glaubenssätze, die uns dazu verleiten, mehr Verantwortung zu übernehmen und mehr zu helfen als uns guttut, können folgendermaßen lauten:

»Ich bin nicht wichtig. Die anderen sind wichtiger.«

»Ich muss retten.«

»Ich bin schuld (am Unglück eines anderen), wenn ich nicht helfe.«

»Ich bin nichts wert.«

»Ich werde nur geliebt, wenn ich immer funktioniere und keine Schwäche zeige.«

Wenn wir uns verändern und besser auf uns selbst achten wollen, müssen wir diesen tief verankerten Grundüberzeugungen allmählich ihre Macht entziehen und dürfen ihnen keinen Glauben mehr schenken. Doch dazu müssen wir sie zuallererst erforschen und lernen, sie zu erkennen: Was sind meine persönlichen Grundüberzeugungen, die mich regelmäßig über meine Grenzen gehen lassen? Wen will ich damit retten? Wessen Liebe will ich dadurch gewinnen? Hilfreich ist es auch, die Selbstabwertung zu erkennen, die in diesen Überzeugungen enthalten ist, und welchen Schaden diese am eigenen Selbstbewusstsein anrichten. Sind die eigenen Glaubenssätze identifiziert, können wir daran arbeiten, sie allmählich aufzulösen und durch neue, hilfreichere Überzeugungen zu ersetzen. Das ist keine einfache Aufgabe, und eine beraterische oder therapeutische Begleitung kann dabei hilfreich sein.

Menschen, die sehr pflichtbewusst sind und im Helfen oftmals über ihre Grenzen gehen, können in diesem Prozess lernen, sich selbst anzunehmen – mit all ihren menschlichen »Schwächen«. Sie haben sich so sehr auf ihre starke, helfende Seite konzentriert und es sich nicht erlaubt, selbst einmal schwach zu sein, dass dieser Lernprozess neue Türen öffnen kann. Es ist eine Entdeckungsreise in das eigene Innere, um sich selbst besser kennenzulernen: Wer bin ich? Was macht mich aus? Was ist mir wichtig? Was brauche ich, damit es mir gut geht? Wenn wir achtsam uns selbst gegenüber sind, können wir erkennen, dass wir liebenswert sind, unabhängig von Leistung. Wir lernen auch, selbstabwertende Gedanken zu stoppen und uns gegen mögliche Abwertung durch andere zu wehren. Und so kann es allmählich gelingen, die Strenge des Pflichtbewusstseins abzulegen und Mitgefühl für uns selbst und die eigenen Bedürfnisse zu entwickeln, uns selbst wertschätzend und wohlwollend zu begegnen.

Wenn wir uns erlauben, unsere Bedürfnisse und Empfindungen wahrzunehmen, spüren wir auch im Alltag schneller, was im Rahmen unserer Kräfte liegt und wo unsere Grenzen sind. Wir steigen aus dem bisherigen Automatismus der Erwartungserfüllung aus und überlegen uns bewusster, in welchem Umfang wir uns für andere engagieren können und wollen. Und wir erlauben uns eher, auch mal Nein zu sagen. Zudem können wir Lob und Anerkennung, die wir von anderen bekommen, zurückhaltender aufnehmen. Wir erkennen, dass beides uns leicht dazu verführt, wieder in das alte Muster zu verfallen, weil uns das Lob schmeichelt und wir uns gebraucht fühlen.

Es ist nicht einfach, gewohnte Muster und Rollen abzulegen oder allmählich aufzulösen. Und auch unsere Mitmenschen sind ebenso wie wir selbst auf unsere Verhaltensmuster eingespielt und versuchen, uns in unseren vertrauten Rollen festzuhalten. Diese Beharrungsversuche befeuern unsere Sorge, Anerkennung und Vertrauen zu verlieren oder andere mit einem Nein ungewollt zu kränken. Wir haben Angst vor Kritik, Ablehnung oder Abwertung. Diese Ängste und unser Bedürfnis nach Zugehörigkeit und Harmonie sind starke Gegenkräfte auf dem Weg zu Veränderung. Deshalb erfordert es viel Geduld und Beharrlichkeit, diesen Weg weiterzugehen. Veränderung braucht Zeit; wir selbst brauchen Zeit, um neue Verhaltensweisen zu erproben und einzuüben. Und auch unser Umfeld braucht Zeit. Es wird dauern, bis sich Familie, Freundinnen und Freunde, Bekannte oder Arbeitskolleginnen und -kollegen daran gewöhnen, dass wir uns anders verhalten und beispielsweise Hilfeanfragen auch einmal ablehnen.

Das stimmige Maß an Verantwortung finden

Eng mit dem Thema des Helfens verbunden ist die Frage der Verantwortlichkeit. Oft übernehmen wir diese ganz selbstverständlich und unhinterfragt für andere. Wir fühlen uns verantwortlich für die Pflege der Tante, für die regelmäßige Versorgung der Enkelkinder, für die Schulden der Eltern oder den Garten der kranken Freundin. Wir sehen die Not der anderen, und sofort sind wir überzeugt: Ich muss helfen. Es gibt niemand anderen, nur ich kann helfen. Das kann sich anfühlen wie ein Gesetz, eine unumstößliche Tatsache. Dabei handelt es sich hierbei ebenfalls um erlernte innere Grundüberzeugungen, die wie ein Automatismus wirken. Diese verhindern, dass wir in Ruhe über die tatsächliche Verantwortlichkeit nachdenken. Die moralischen Urteile, die allen Glaubenssätzen innewohnen, erzeugen zudem Schuldgefühle, wenn ihnen nicht sofort entsprochen wird. Das macht es so schwer, sie zu hinterfragen und aufzulösen.

Tatsächlich sind wir jedoch gar nicht für das Leben anderer erwachsener Menschen verantwortlich. Jeder trägt diese Verantwortung für sich selbst, für seine Entscheidungen, seine Handlungen und deren Konsequenzen, und zwar zu 100 Prozent. Sicherlich tragen Eltern für ihre Kinder zu Beginn des Lebens die Verantwortung. Aber auch Kinder streben schon früh nach Autonomie, und Eltern müssen lernen, schrittweise entsprechend der Entwicklung ihres Kindes die Verantwortung an sie abzugeben. Das fällt nicht immer leicht, wenn das Kind mit den eigenen Grenzen experimentiert oder andere Lebensentscheidungen trifft, als die Eltern es sich wünschen. Schlussendlich müssen Eltern einsehen, dass auch ihre Kinder, sofern sie nicht aufgrund einer Behinderung oder Krankheit darin eingeschränkt sind, im Erwachsenenalter selbst zu 100 Prozent Verantwortung für ihre Entscheidungen übernehmen.

Verantwortung zu übernehmen und sich helfend und solidarisch zu engagieren, ist kein allgemeingültiges Lebensgesetz, sondern eine Frage der Ethik, unserer persönlichen Wertvorstellungen. Das ist ein wesentlicher Unterschied. Wir selbst entscheiden in jedem Moment, wie wir uns verhalten. Wer sich den Hut der Verantwortung unreflektiert aufsetzt, läuft nicht nur Gefahr, sich selbst zu überfordern, sondern auch, dem anderen dessen ureigene Verantwortlichkeit abzunehmen und ihn zu entmündigen. Übermäßiges Verantwortungsgefühl verhindert zudem, dass wir in Ruhe darüber nachdenken, welche anderen Möglichkeiten zu helfen sich bieten: Kann das Babysitting oder die Gartenpflege vielleicht nachbarschaftlich oder als Minijob organisiert werden? Wie können andere Angehörige in die Pflege der Tante mit eingebunden werden? Gibt es Menschen, die vielleicht sogar besser helfen könnten als ich? Inwieweit kann das professionelle Hilfesystem Aufgaben übernehmen und das private Umfeld dadurch entlasten?

Sind die Grundüberzeugungen der eigenen Verantwortlichkeit sehr stark ausgeprägt, werden all diese Fragen meist nicht gestellt oder, wenn sie von anderen gestellt werden, vehement abgewehrt. Dadurch kommen andere Lösungsmöglichkeiten als die eigenen gar nicht infrage, bevor sie überhaupt geprüft wurden.

Alle unsere Handlungen beruhen auf unseren eigenen Entscheidungen, auch wenn uns dies im Alltag oft nicht bewusst ist. Es liegt in der Verantwortung jedes Einzelnen, gut für sich zu sorgen. Vernachlässigen wir uns selbst und überfordern wir uns im Engagement für andere, kann daraus, wie oben beschrieben, seelisches und körperliches Leid entstehen.

Wenn wir außerdem denken, dass wir keine andere Wahl hätten, besteht die Gefahr, dass wir uns als Opfer fühlen – als Opfer desjenigen Menschen, dem wir doch zu helfen glauben. Der ist dann schuld, dass es uns so schlecht geht! So können Wut auf den anderen und Ohnmachtsgefühle das eigene Befinden noch verschlimmern und die Beziehung zu diesem Menschen vergiften. In dem Moment, in dem ich mir meiner Entscheidungsfreiheit bewusst bin, lege ich die Opferrolle ab. Wenn ich erkenne, dass ich auch Nein sagen kann, und wenn ich meine eigenen Bedürfnisse schütze, ist ein Ja eine selbstbestimme Entscheidung.

Umgekehrt kann es auch geschehen, dass die hilfsbedürftige Person jegliche anderen Hilfsangebote ablehnt. Kommen wir ihren Wünschen nicht vollständig nach, äußert sie vielleicht Vorwürfe, wir seien egoistisch, und versucht, uns mit allen Mitteln ein schlechtes Gewissen einzureden. Es ist nicht leicht, sich gegenüber diesen Formen seelischer Erpressung abzugrenzen, insbesondere wenn in der Beziehung vorher schon Autorität, Macht und Abhängigkeit eine Rolle gespielt haben. In diesem Fall kann es hilfreich sein, sich selbst beraterische Hilfe zu holen, um sich zu schützen und sich aus diesen destruktiven und kraftraubenden Beziehungsmustern zu lösen.

Wenn es uns gelingt, übermäßiges Verantwortungsgefühl loszulassen und auf unsere eigenen Bedürfnisse zu achten, können wir in eine gute innere Balance gelangen, in der unser Engagement unseren Kräften entspricht. Dies erlaubt uns, das Helfen selbst als bereichernd zu erleben und eine tiefe innere Befriedigung zu empfinden.

Hilfe und Gegenleistung annehmen lernen

Jemandem helfen zu können, fühlt sich meist gut an. Im Engagement spüren wir unsere Kraft und unsere Fähigkeiten, und wir bekommen positive Resonanz. Das ist zugleich auch etwas tückisch, denn es beinhaltet die Gefahr, dass wir uns einseitig im Helfen einrichten, weil es ein besseres Gefühl ist, als selbst Hilfe zu brauchen. Und so lehnen wir womöglich jegliche Hilfsangebote oder etwaige Gegenleistungen für unsere Hilfe ab mit dem Hinweis: Das ist doch nicht nötig. Das kann zu einer Rollenverfestigung führen, die mit einem Ungleichgewicht in der Beziehung einhergeht: hier die Helfenden, dort die Hilfsbedürftigen; hier die Starken, dort die Schwachen. Wenn wir einseitig die Helferrolle einnehmen, nehmen wir unserem Gegenüber in gewisser Weise die Möglichkeit, auch etwas zu geben und sich ebenfalls stark zu fühlen.

Indem wir diese starre Rollenverteilung auflösen und lernen, selbst Hilfe oder eine Gegenleistung für unsere Hilfe anzunehmen, tragen wir zu einem Gleichgewicht bei, in dem sich alle Beteiligten gut fühlen können. Das bedeutet nicht, dass die Gegenleistung die eigene Leistung quasi aufwiegen muss. Das ist in der Realität nicht immer möglich. Manchmal geht es daher auch eher um eine symbolische Geste, zum Beispiel einen Kaffee oder ein kleines Geschenk zu akzeptieren. Ausgleich wird zudem möglich, wenn man sich im Gespräch nicht durchweg als stark zeigt, sondern ehrlich ist, eigene Lebensfragen oder vermeintliche Schwächen offenbart und sich mit anderen darüber auseinandersetzt. Und nicht zuletzt dann, wenn wir selbst aktiv darum bitten, wenn wir Hilfe benötigen oder wenn uns die Hilfe anderer das Leben erleichtert. Damit geben wir ihnen die Chance, ebenfalls diese Befriedigung zu erleben, die im Helfen liegen kann.

Um unsere bevorzugte Rolle aufzubrechen und andere Rollen zu erlernen, müssen wir unsere Gewohnheiten verändern. Das erfordert etwas Neugierde, Experimentierfreude und Übung. Wie fühlt es sich an, wenn ich den Dank des anderen nicht mehr vorschnell ablehne? Wie reagiert mein Gegenüber? Was verändert sich? Was macht es mir so schwer, meine Nachbarin um Hilfe zu fragen, wo ich ihr doch jederzeit helfen würde? Die vertrauten Muster aufzuweichen und das eigene Verhalten zu verändern, kann für alle Beteiligten sehr befriedigend sein. Ein neues Gleichgewicht im Geben und Nehmen wird möglich. Die Flexibilität in den Rollen gibt allen mehr Verhaltensspielraum und macht das Miteinander lebendig.

Den eigenen Perfektionismus zähmen

»Wenn ich damit beginne, aufzuräumen und auszusortieren, verliere ich mich leicht im Detail. Ich will dann alles ganz genau machen. Das kostet mich so viel Anstrengung und so viel Zeit, dass ich nur wenig schaffe und am Ende völlig frustriert bin.« Immer wieder begegne ich in meinen Beratungen und an den Gesprächsabenden Menschen, die sich als perfektionistisch bezeichnen. Sie tragen einen hohen Anspruch an das eigene Tun in sich. Am Anfang einer Aufgabe haben sie oft schon ein sehr genaues Bild des gewünschten Ergebnisses vor ihrem inneren Auge und denken bereits sämtliche Details und Folgeaufgaben mit. Abweichungen vom geplanten Ergebnis können sie nur schwer tolerieren; viel eher strengen sie sich umso mehr an, um das Ziel doch noch zu erreichen, als »halbe Sachen« zu akzeptieren. Dadurch können alltägliche Aufgaben zum unüberwindbaren Berg werden. Dies führt bei manchen Menschen wiederum dazu, dass sie sich wie blockiert fühlen und sich dann mit Ersatzhandlungen – mit Essen oder dem Smartphone beispielsweise – ablenken, anstatt mit einer Aufgabe überhaupt zu beginnen.

Perfektionisten müssen immer mehr arbeiten als andere Menschen und brauchen für alles mehr Zeit und mehr Energie. Immer weiter streben sie nach Verbesserung, nach dem perfekten oder herausragenden Ergebnis und finden doch kein Ende, weil sich (zumindest aus Sicht des Perfektionisten selbst) alles immer steigern lässt.

Alltägliche Beispiele für Perfektionismus

Für Perfektionisten ist das Aufräumen der Wohnung und das regelmäßige Aussortieren von ungenutzten Gegenständen häufig ein großes Problem. Viele leben daher in einer unaufgeräumten, chaotischen Wohnung und schaffen es nicht, selbst für Ordnung zu sorgen, obwohl sie eine große Sehnsucht nach Ordnung und Klarheit in sich tragen. Ihr Perfektionismus, häufig gepaart mit dem Unvermögen, Wichtiges von Unwichtigem zu unterscheiden, belastet sie seelisch: Sie leiden unter der Tatsache, dass sie ihrem perfektionistischen Anspruch nicht gerecht werden können. Sie leiden außerdem unter der großen Anstrengung, die viele alltägliche Aufgaben für sie bedeuten, und zugleich unter dem äußeren Chaos, in dem sie leben. Diese Menschen haben die gesellschaftliche Norm des Ordnung Haltens meist sehr stark verinnerlicht und es macht ihnen Druck, dass sie dieser Norm nicht genügen. Manche von ihnen empfinden dies als persönliches Versagen und schämen sich dafür. Und so versuchen sie, das Chaos zu verbergen, beispielsweise, indem sie niemanden mehr zu sich nach Hause einladen und sich selbst in gewissem Maß isolieren. So kann das Gefühl entstehen, eine Art Doppelleben zu führen: das gesellschaftlich vorzeigbare Leben, dessen Fassade sie mühsam aufrechterhalten, und ihr nach außen unsichtbares »wirkliches« Leben.

Perfektionismus kann sämtliche Lebensbereiche betreffen: die Erwerbsarbeit, Aktivitäten im Freizeitbereich, die Kindererziehung und auch die Freundschaften. Alle Tätigkeitsfelder bieten Anlass, hier besonders gut zu sein. Ein Beispiel: Ein aufwendiges Abendessen für Freunde zu kochen, vielleicht mit mehreren Gängen, kann charmant und sehr erfüllend sein, wenn es mit Muße angegangen wird. Wenn jedoch die Zeit dafür zu knapp ist, es dann aber dennoch um jeden Preis und unter Anspannung gekocht wird, anstatt auf eine einfachere Alternative zurückzugreifen, könnte das auf eine perfektionistische Prägung hinweisen, die trotz Stress keine einfachere Lösung zulässt.

Die Leistungsgesellschaft bietet für Perfektionismus einen idealen Nährboden. Das beginnt schon bei kleinen Kindern. So sollen bereits im Kindergartenalter musische Bildung und Sprachenlernen das individuelle Potenzial bestmöglich fördern. Die Mehrheit der Schulkinder strebt heute das Abitur an.[15] Dabei gibt es auch noch Abstufungen: Die gymnasiale Oberstufe an einer Gesamtschule gilt allgemein als weniger anerkannt als das Gymnasium. Viele Eltern versuchen deshalb mit Nachdruck, ihr Kind an einem »richtigen« Gymnasium unterzubringen.

Parallel dazu hat sich der Leistungsdruck im Arbeitsleben massiv erhöht. Weniger Angestellte verrichten immer mehr Aufgaben unter immer höheren qualitativen, quantitativen und bürokratischen Anforderungen. In vielen Betrieben gehört es zum guten Ton, morgens möglichst früh anzufangen, abends die oder der Letzte im Büro zu sein und regelmäßig Überstunden zu machen. Insbesondere in der Startup- und Kreativen-Szene wird erwartet, dass man für ein Projekt »brennen« muss und es mit hoher Einsatzbereitschaft umsetzt. Dabei werden die Grenzen zwischen Arbeits- und Privatleben rhetorisch und teilweise auch faktisch aufgelöst; die Arbeit wird als so spannend, bedeutsam und attraktiv definiert, dass sich ihr das Privatleben unterordnen muss. In diesem Kontext finden die perfektionistische Kollegin und der perfektionistische Mitarbeiter heutzutage große gesellschaftliche Anerkennung. Zugleich lässt es sich von außen oft kaum unterscheiden, ob es sich dabei wirklich um Perfektionismus handelt oder ob es vielmehr der gesellschaftliche Zwang ist, der Menschen scheinbar perfektionistisch handeln lässt. Insbesondere Mütter können davon vermutlich Geschichten erzählen, wie sie sich unter den Erwartungen der Gesellschaft aufreiben, um allen Anforderungen des modernen, emanzipierten Lebens zu genügen: Neben der eigenen Berufstätigkeit hängt nach wie vor der Hauptteil der familiären Care-Arbeit und des sogenannten *Mental Load*, also der unsichtbaren, organisatorischen Aufgaben des familiären Alltags, an den Frauen. Sie helfen dem Kind bei den Hausaufgaben, bringen es anschließend zur Musikschule und holen es wieder ab. Sie fühlen sich zuständig dafür, dass das Essen rechtzeitig auf dem Tisch steht, dass es zudem abwechslungsreich und gesund ist – und dass das Kind es auch isst. Sie planen den familiären Alltag mit all seinen Unwägbarkeiten, Arztbesuche, die Geburtstagsparty des Kindes, den Besuch der Großeltern, teilweise bis ins Detail. Und nicht zu vergessen: Das alles passiert neben der eigenen Erwerbsarbeit, bei der uneingeschränkt Leistung von ihnen verlangt wird.

Der Trend zur Selbstoptimierung in allen Lebensbereichen, sei es in Bezug auf die eigene Arbeitsfähigkeit, die Work-Life-Balance, die Gesundheit oder das Freizeitverhalten, ist ein weiterer Ausdruck einer gesellschaftlich anerkannten Perfektionierung des gesamten Lebens. Und so werden selbst spirituelle Übungen der inneren Einkehr wie beispielsweise Yoga und Meditation als Mittel zum Zweck der Selbstoptimierung eingesetzt. Auch der Coaching-Boom der letzten Jahre ist ein Zeichen dieser Entwicklung. Perfektionisten liegen im gesellschaftlichen Trend, wenn sie versuchen, das eigene Leben vollständig zu beherrschen und sich keine Einbrüche und keine Fehler zu erlauben. Sie sind stets bemüht, die strahlende Oberfläche aufrechtzuerhalten, egal, wie viel Anstrengung es sie kostet.

Perfektionismus als Abwehr von Kritik

Perfektionismus ist für die Betroffenen sehr anstrengend und zugleich häufig unbefriedigend und frustrierend. Ist das Streben nach Perfektion also per se schädlich für das eigene Befinden? Der Wiener Psychiater Raphael M. Bonelli verweist auf den Unterschied zwischen Perfektionismus und dem Streben nach Perfektion[16]. Menschen, die nach dem Besonderen streben, die ein Talent mit viel Fleiß, Übung und Hingabe perfektionieren, können die Welt mit ihrer Fähigkeit, ihrer Musik, ihrer Kunstfertigkeit und ihrer Darbietung verzaubern und andere in ihren Herzen zutiefst berühren. Jene, die sich nicht mit Mittelmäßigkeit begnügen und beharrlich weiterforschen, trugen und tragen immer dazu bei, dass wir die Welt besser verstehen und dass sich die Zivilisation weiterentwickelt. Speist sich das Streben nach Perfektion aus wirklichem Interesse an der Sache, aus einer eigenen, inneren – intrinsischen – Motivation, können daraus wunderbare Dinge entstehen, ohne dass die menschliche Seele dadurch Schaden nimmt. Entscheidend ist dabei der eigene Wille zu handeln, die persönliche innere Freiheit.

Diese markiert auch den wesentlichen Unterschied zwischen dem Streben nach Perfektion und Perfektionismus. Perfektionisten handeln nicht aus persönlicher Freiheit heraus, sondern stehen unter einem inneren Zwang, der sie in bestimmter Weise handeln lässt. Sie sind Getriebene. Ihr Blick ist nach außen gerichtet, darauf, was die anderen denken könnten. Sie verwenden viel Zeit und Energie auf ihre Aufgaben, um im Vergleich mit anderen zu bestehen und herauszuragen. Dabei besteht die Gefahr, dass sie anderen den Erfolg neiden, anstatt sich mit ihnen zu freuen. Eher befeuert fremder

Erfolg ihre eigene Anstrengung, noch besser zu werden. Perfektionisten geben sich einer Aufgabe nicht selbstlos hin im Streben nach Größerem, nach Perfektion und Vollendung; es ist vielmehr die Angst zu scheitern, die sie zu höchster Anstrengung drängt.

Perfektionisten haben einen sehr ausgeprägten inneren Kritiker, der sie permanent antreibt und die eigene Leistung nie anerkennt, weshalb sie bei ihren Aufgaben auch nie ein Ende zu finden scheinen. Immer gibt es noch etwas zu verbessern. Sie verwenden ihre ganze Energie darauf, den Schein von Perfektion zu erwecken, um sich gegenüber ihrem Umfeld unangreifbar zu machen. Sie haben keine Toleranz gegenüber ihrer eigenen, ganz menschlichen Fehlerhaftigkeit entwickelt und versuchen, diese durch übermäßige Anstrengung zu verdecken. So dient ihr Perfektionismus dazu, das kränkbare Selbst zu schützen und mögliche Kritik abzuwehren. Dahinter aber lauert die permanente Angst vor Enttarnung. Zugleich werden das eigene Handeln und die eigene Anstrengung weder als sinnvoll noch als befriedigend erlebt, weil sie keine Erfüllung in einem Ergebnis finden. Nie ist etwas gut genug.

Wie Perfektionismus entstehen kann

Menschen kommen nicht als Perfektionisten zur Welt, sondern sie werden dazu gemacht.[17] Zum Beispiel, wenn Kinder von den hohen Erwartungen ihrer Eltern regelmäßig überfordert werden. Wenn sie für Erreichtes keine Anerkennung bekommen und für Fehler regelmäßig abgewertet und bloßgestellt werden. Wenn die Eltern gegenüber ihren Kindern eine Aura eigener Unfehlbarkeit inszenieren: »In deinem Alter habe ich bereits …« Diese Kinder haben es schwer, einen angemessenen inneren Maßstab für ihre Fähigkeiten, Stärken und die eigene Leistung zu entwickeln. Sie erleben vielmehr, dass nichts, was sie tun, gut genug ist, und lernen, sich dafür zu schämen. »Du schaffst das sowieso nicht allein«, »Nie machst du etwas zu Ende« oder »Du bist zu nichts nütze!« haben sie immer wieder gehört und in ihrem Inneren abgespeichert. Diese Glaubenssätze wirken ihr Leben lang als Antreiber. Ihr ganzes Handeln richten sie darauf aus, die Erwartungen der Eltern doch noch zu erfüllen und ihre erlernten Grundüberzeugungen zu widerlegen. Aber wie sehr sie sich auch anstrengen, sie erreichen ihr Ziel nicht, weil sie sich selbst zutiefst misstrauen und an ihre Grundüberzeugungen wie an Tatsachen glauben.

Und so reicht im Erwachsenenleben eines Perfektionisten eine kleine mimische Missbilligung wie das Heben einer Augenbraue oder ein Stirnrunzeln aus, um das vertraute Muster von Scham und noch mehr Anstrengung in Gang zu setzen. Ein »Ist das alles?«, ein Seufzen oder auch Schweigen kann sie emotional in Aufruhr versetzen und ihr inneres Programm erneut starten. Da sie selbst keinen angemessenen Maßstab für ihr Handeln entwickelt haben, glauben sie der Kritik der anderen unhinterfragt und stimmen insgeheim in die Abwertung der eigenen Leistung mit ein. Die erlernte Scham treibt den eigenen Perfektionismus weiter an. Eine Betroffene beschreibt dies folgendermaßen: »Mein Perfektionismus führt dazu, dass ich mich schäme, wenn ich etwas nicht schaffe oder wenn ich Fehler mache. Das drückt dann ganz schön auf mein Selbstvertrauen. Ich fühle mich klein und glaube, gar nichts zu können. Um da herauszukommen, versuche ich also, mich noch mehr anzustrengen und noch besser zu sein. Das macht mir Druck und verstärkt wiederum den Perfektionismus. Aber auch dann passieren ja wieder Fehler, was mein Selbstvertrauen noch mehr ankratzt.«

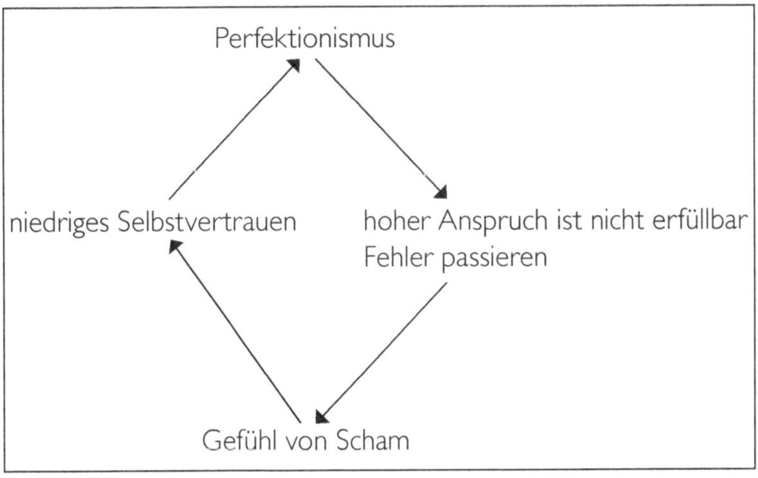

Abb. Der Teufelskreis von Perfektionismus und Scham[18]

Der Perfektionismus führt so zu einem wahren Teufelskreis, in dem es schwer ist, Vertrauen in sich selbst und in die eigenen Fähigkeiten zu entwickeln. Die Scham bei vermeintlichen Fehlern verhindert, mit den eigenen Begrenzungen offen umzugehen.

Neue Maßstäbe finden

Die Bewertungsskala von Perfektionisten kennt in der Regel nur Genie oder Versager, sie teilen die Welt in Schwarz oder Weiß. Für die menschliche Realität, die sich überwiegend in der Grauzone bewegt, gibt es in ihrer inneren Welt keine adäquaten Maßstäbe. Will man sich vom Perfektionismus verabschieden, müssen für die eigenen Stärken und Schwächen neue Maßstäbe entwickelt werden, Erwartungen an sich selbst müssen neu definiert und möglicherweise auf ein realistisches Maß reduziert werden. Was aber sind realistische Ziele für eine Aufgabe?

Der Anspruch eines Perfektionisten, etwas zu 100 Prozent zu erledigen, liegt meist weit über dem, was andere Menschen als 100 Prozent definieren würden. Da gibt es also großen Spielraum, um beispielsweise ein Ergebnis abzuliefern, das nur 80 Prozent des eigenen Anspruchs entspricht. Perfektionisten werden meist feststellen, dass ihr Ergebnis von anderen Beteiligten dennoch als sehr gut bewertet wird. Dieses Prozedere kann aktiv geübt und wiederholt werden. In der Kooperation mit anderen Menschen können zudem gemeinsam Kriterien für eine erfolgreiche Arbeitsbewältigung ausgehandelt und festgelegt werden. Das erfordert die Bereitschaft, die Kriterien unterhalb des eigenen 100-Prozent-Anspruchs anzusetzen.

Perfektionisten verlieren sich oft im Detail und verbrauchen dabei unglaublich viel Energie. Nicht immer ist dieses exakte, differenzierte Ausarbeiten einer Aufgabe notwendig oder hilfreich. Zugleich besteht die Gefahr, dass sie die Übersicht über das Ganze verlieren und die wesentlichen Kernelemente einer Aufgabe nicht erkennen. So verpufft ihre ganze Energie womöglich an der falschen Stelle und ohne die erhoffte Wirkung zu erzielen.

Um die eigenen Kräfte wirksam einsetzen zu können, muss man die Fähigkeit entwickeln, Prioritäten zu setzen. Diese hilft dabei, im Arbeitsprozess bewusst Entscheidungen zu treffen: Welche Aufgabe ist vorrangig? Was ist ausreichend? Wann beende ich eine Aufgabe und wende mich einer neuen oder einem neuen Teilschritt zu? In manchen Situationen kann die Idee des sogenannten Pareto-Prinzips nützlich sein. Es besagt, dass mit 20 Prozent des Mitteleinsatzes rund 80 Prozent der Aufgaben eines Projekts erledigt werden können, während die restlichen 20 Prozent zum Erreichen des Gesamtergebnisses die übrigen 80 Prozent der Gesamtmittel erfordern. Dieses 80/20-Regel kann selbstverständlich nicht in diesem exakten Verhältnis auf sämtliche Arbeitsprozesse übertragen werden. Die Grundidee kann aber dabei helfen, den Aufwand für Teilaufgaben realistischer einzuschätzen und den eigenen Ressourceneinsatz besser zu steuern. Das heißt: Wo kann mit niedrigerem Einsatz wesentlich mehr erreicht werden?

In anderen Situationen ist es hilfreich, andere Menschen einzubeziehen. Sollten Perfektionisten sich beispielsweise dabei ertappen, dass sie sich bei den letzten kniffligen 20 Prozent einer Aufgabe in die Problemlösung verbeißen und viel Energie dafür aufwenden, ohne weiterzukommen, könnten sie sich stattdessen erlauben, kollegiale Unterstützung anzufragen. Für den anderen geht es quasi um ein neues Projekt, er hat also einen frischen, unvoreingenommenen Blick darauf und kann dadurch womöglich leichter den letzten Knoten lösen. Vielleicht stellt sich durch die neue Perspektive aber auch heraus, dass die Aufgabe bereits gut genug erfüllt und weiterer Aufwand unnötig ist.

Menschen, die sich immer zu große Ziele stecken und deshalb Aufgaben vor sich herschieben, lernen so, kleinere Zwischenziele einzuplanen. Während das große Ziel eine sinnstiftende Perspektive für das eigene Handeln bietet, dienen die Zwischenziele dazu, realistische Teilschritte auf dem Weg zum großen Ganzen zu ermöglichen. Hilfreich ist hierfür die Aufteilung eines Gesamtprojekts in möglichst konkrete, klar abgrenzbare Teilaufgaben. Eine zeitliche Begrenzung der einzelnen Arbeitseinheiten kann die Hemmschwelle, mit einer Aufgabe zu beginnen, ebenfalls herabsetzen. Wer beispielsweise plant, die Wohnung zu entrümpeln, könnte sich jeweils einzelne, überschaubare Einheiten – einen Schrank oder auch nur eine Schublade – vornehmen, die realistischerweise in einer kurzen Zeiteinheit zu schaffen sind. Wer mit dem Malen beginnen möchte, aber nicht recht weiß, wie er anfangen soll, könnte sich zuerst mit den einzelnen Techniken einer Malweise vertraut machen, einen Kurs belegen, Malproben anfertigen oder kleinere Bilder malen, bevor er das Wandgemälde angeht. Dieses Vorgehen erlaubt regelmäßige kleine Erfolge. Es führt außerdem dazu, dass eine gewisse Routine und Kompetenz in der Tätigkeit entwickelt wird, sodass die Aufgaben allmählich leichter fallen.

Fehlerfreundlichkeit lernen

Perfektionistische Menschen sind sehr streng mit sich selbst, ihr innerer Kritiker ist stark ausgeprägt und beurteilt das eigene Handeln unablässig. Es ist nicht einfach, dem inneren Kritiker seine Macht zu entziehen und ihn ab und zu zum Schweigen zu bringen. Mithilfe der Selbstbeobachtung können zuallererst die persönlichen inneren Antreiber identifiziert werden: Wie oft sage ich mir selbst »Ich muss …!« oder »Ich darf nicht …«? Welche Sätze flüstert mir mein persönlicher innerer Kritiker zu, damit ich mich übermäßig verausgabe? Diese Sätze lassen sich meist konkreten Menschen der eigenen Lebensgeschichte zuordnen: der strengen Mutter, dem kritischen Vater, der dominanten Schwester oder dem autoritären Erzieher. Unbewusst versuchen Perfektionisten mit ihrer übermäßigen Anstrengung im Jetzt, diesen Menschen ihrer Kindheit zu genügen. Perfektionismus loszulassen bedeutet, sich von diesen verinnerlichten Ansprüchen allmählich zu emanzipieren. Durch die Selbstbeobachtung wird zudem offensichtlich, wann das perfektionistische Ich sich mit anderen vergleicht, sich selbst oder andere Menschen abwertet oder anderen ihren Erfolg neidet.

So kann der innere Kritiker in Alltagssituationen immer schneller erkannt und gestoppt werden. Beginnt also das übliche Selbstgespräch im Kopf, wird es möglich, es aktiv zu lenken. Anstatt dem Kritiker freien Lauf zu lassen, wird man ihm nun entgegenhalten: »Ich erlaube dir nicht, so mit mir zu reden.« Mit freundlichen und zugleich klaren Worten wird er in seine Schranken gewiesen. Manchen Menschen hilft es, ihrem Kritiker gedanklich einen »Parkplatz« außerhalb des eigenen Arbeitsbereichs zuzuweisen und sich eine Tür dazwischen vorzustellen, die sie abschließen können. Da der innere Kritiker jedoch ein sehr vertrauter und deshalb beharrlicher Begleiter ist, wird er nicht so schnell klein beigeben. Es ist deshalb gut, sich in gewisser Weise mit ihm anzufreunden und nicht zu verzagen, wenn er wiederkehrt. Eine Portion Wohlwollen sich selbst gegenüber und Humor im inneren Dialog kann ihm etwas Wind aus den Segeln nehmen: »Ah, da bist du ja schon wieder, mein unnachgiebiger Antreiber. Nimm erst mal hier Platz und warte auf mich. Ich will noch meine Arbeit abschließen und dann eine Pause machen. Danach nehme ich mir Zeit für dich.«

Wenn man als perfektionistischer Mensch damit beginnt, bewusst seine hohen Ansprüche und Erwartungen an sich selbst zu hinterfragen und herunterzufahren, um mehr Leichtigkeit im Leben zu finden, wirkt es oft unterstützend, sich zugleich mit der eigenen, menschlichen Fehlerhaftigkeit und Durchschnittlichkeit auseinanderzusetzen. Es gehört Mut dazu, sich diese einzugestehen und anzuerkennen, dass man selbst kein Hochleistungscomputer mit unbegrenzter Kapazität ist.[19] Gelingt es jedoch, sich selbst in der eigenen menschlichen Unvollkommenheit anzunehmen und zu lieben, braucht man sich und anderen nichts mehr vorzuspielen und kann die Angst vor Enttarnung ablegen. Indem Menschen sich Fehlerhaftigkeit zugestehen und ihre Stärken und Schwächen realistisch einzuschätzen lernen, entwickeln sie neue Ichstärke. Sie erkennen zudem, dass Fehler keineswegs nur Unglücke sind, die es peinlichst zu vermeiden gilt, sondern häufig Potenzial und die Chance zur persönlichen Weiterentwicklung in sich tragen.

Zugleich gelingt es so, vermeintliche Fehler von wirklichen zu unterscheiden. Unser Alltag ist voller kleiner Missgeschicke, Unachtsamkeiten und Pannen, die zwar im Moment unangenehm sein mögen, aber meist keine großen Auswirkungen haben. All diese Ungeschicklichkeiten haben für perfektionistische Menschen das Potenzial, sich dafür zu schämen und in Stress zu geraten. Die eigene Unvollkommenheit anzunehmen bedeutet auch, eine wohlwollende Toleranz für diese alltäglichen Pannen und Unachtsamkeiten – die eigenen und die der anderen – zu entwickeln. Das macht den menschlichen Alltag sehr viel entspannter. Anstatt sich also zu ärgern, wenn man im Bus angerempelt wurde, oder sich zu schämen, wenn es einem selbst passiert ist, löst ein kurzes Lächeln und ein »Alles gut« oder ein einfaches »Entschuldigung« die Situation auf und lässt den Moment freundlich ausklingen.

Ähnlich entlastend wirkt sich die Erkenntnis aus, dass Erfolg oftmals gar nicht von der eigenen Leistung, sondern von vielen weiteren Faktoren abhängt, beispielsweise den passenden Kooperationspartnern, der Verfügbarkeit von Ressourcen oder auch ganz einfach von Glück. Umgekehrt ist das Scheitern eines Projekts häufig nicht die Folge eigenen Verschuldens, sondern wird ebenfalls von anderen Faktoren verursacht. Fehlerfreundlichkeit zu lernen kann bedeuten, diese Gesamtheit der Faktoren in den Blick zu nehmen, deren Zusammenspiel zu bewerten und dabei die eigene Leistung als einen Bestandteil im Gesamtzusammenhang einzuordnen.

Die eigene Fehlbarkeit anzunehmen bedeutet darüber hinaus, dann auch die Verantwortung für das eigene Tun zu übernehmen, wenn man tatsächlich einen Fehler gemacht hat. Menschen, die sich davor fürchten, Fehler zu machen, versuchen oft, diese zu verstecken, abzustreiten oder andere Menschen oder Gründe vorzuschieben. Zugleich werden sie innerlich von lähmenden Schamgefühlen heimgesucht oder verdrängen ihre Schuld ins Unterbewusstsein. Wer sich dagegen seinen Fehlern stellt, hat die Fähigkeit entwickelt, in angemessenem Maß Schuldbewusstsein zuzulassen und Reue zu empfinden. Aus diesem Bewusstsein heraus kann man dann Verantwortung übernehmen und sich um eine Wiedergutmachung bemühen, um so einen Ausgleich herzustellen. In welcher Form diese geleistet werden kann, muss mit der geschädigten Person ausgehandelt werden. Wiedergutmachung kann eine konkrete Gegenleistung oder Entschädigung sein, wenn dies in der Situation möglich und angemessen ist. Ist dies nicht der Fall, kann Wiedergutmachung aber auch einfach bedeuten, einen Fehler offen einzugestehen und sich dafür zu entschuldigen.[20] Eine aufrichtige Bitte um Entschuldigung ermöglicht einen Ausgleich auf emotionaler Ebene, baut neues Vertrauen auf und stärkt die Beziehung zum Gegenüber.

Die eigene innere Motivation und Vorlieben entdecken

Ist es für perfektionistische Menschen aber wirklich attraktiv, ihre perfektionistischen Anteile zu überwinden? Der Gedanke, sich mit der eigenen Unvollkommenheit anzufreunden, mag im ersten Moment langweilig erscheinen und ein Leben in Mittelmäßigkeit und Selbstbegrenzung zu versprechen. Man könnte befürchten, dass es darum geht, sich jegliches Streben nach Perfektion und jede Sehnsucht nach dem Besonderen zu verbieten. Wäre dem so, wäre das ein hoher Preis dafür, dass das Leben etwas weniger anstrengend sein könnte.

Der innere Stress eines Perfektionisten entsteht jedoch nicht dadurch, dass er nach Vervollkommnung einer Sache oder einer Fähigkeit strebt, sondern weil er sich permanent mit anderen vergleicht. Sein Blick ist nach außen gerichtet. Er strengt sich an, weil er sich nicht angreifbar machen möchte. Und da er seine Leistung selbst nicht wertschätzen kann, erlebt er sie auch nicht als erfüllend. Demgegenüber kann die innere Begeisterung für eine Sache und das Streben, diese besonders gut zu machen und sie zum Strahlen zu bringen, ungeheure Energien freisetzen und ein wunderbares Gefühl von Befriedigung erzeugen. Sich zutiefst auf etwas einzulassen, sich selbst herauszufordern und dabei zu lernen und sich weiterzuentwickeln, kann als unglaublich erfüllend und sinnstiftend erlebt werden, auch wenn dies mit einem hohen persönlichen Einsatz verbunden ist. Der entscheidende Unterschied ist, dass die Motivation aus dem eigenen Inneren heraus entsteht, dass die handelnde Person ein persönliches Interesse an der Sache hat, für die sie sich einsetzt.

Hier liegt der Ansatzpunkt für Perfektionisten, in einen Lebensmodus zu finden, der wirkliche Erfüllung und tiefe Befriedigung erlaubt: sich weniger im Außen um Absicherung und Unangreifbarkeit zu bemühen, sondern den Blick nach innen zu richten und das Besondere in sich selbst zu entdecken.

Was macht mich aus? Was interessiert mich wirklich? Was mache ich aus mir heraus und um der Sache willen, nicht, weil es Anerkennung verspricht? Welche Themen oder Tätigkeiten begeistern mich und wecken meine Leidenschaft? Je besser sich Menschen selbst wahrnehmen und ihre innere Motivation wie auch ihre persönlichen Interessen und Vorlieben kennen, desto selbstbestimmter können sie ihr Leben gestalten. Wenn es ihnen gelingt, den inneren Antreiber an die Hand zu nehmen und zu zähmen, können sie im Alltag in vielen Bereichen ihren Ressourceneinsatz besser steuern und den eigenen Kräften anpassen. Dies schafft zugleich einen Freiraum, sich den Themen, die einen begeistern, leidenschaftlich zu widmen und dabei die Zeit und die Anstrengung zu vergessen.

Inneren Frieden mit unerreichten Lebenszielen schließen

»Ich wollte immer Musik machen, vor großem Publikum auftreten und ja, auch ein bisschen berühmt werden. Aber irgendwie hat das nie geklappt. Mit einer Band war ich einmal längere Zeit auf Tour und wir hatten immer ein paar Gigs, auch international. Aber den Durchbruch haben wir nie geschafft. Später habe ich noch verschiedene Sachen ausprobiert, aber so richtig wollte es nicht zünden. Ich habe zu Hause eine große Sammlung an Musikinstrumenten. Aber leider sind sie zu Staubfängern geworden, da ich nur noch selten spiele.«

Junge Menschen tragen Vorstellungen und Bilder ihres künftigen Erwachsenenlebens in sich. Manche haben konkrete Ziele vor Augen, die sie in ihrem Leben erreichen möchten, und sehen sich in ihrer Wunschvorstellung in einer bestimmten gesellschaftlichen Rolle, die ihren Sehnsüchten, Fähigkeiten oder Vorlieben entspricht. Andere mögen weniger große oder konkrete Erwartungen an ihr künftiges Leben haben, aber auch in ihnen sind Bilder davon, was sie als »normal« empfinden und als selbstverständlich für sich erwarten. Doch leider spielt das Leben nicht immer wunschgemäß mit. Und so müssen im Lauf eines Lebens so manche Ziele angepasst oder gar aufgegeben werden. Dies ist mitunter sehr schmerzhaft. Für Menschen, die sich mit Veränderung schwertun, kann sich daraus eine dauerhafte Belastung entwickeln. Sie bleiben ihren einstigen Sehnsüchten und Lebensentwürfen verhaftet, auch wenn die Realität sie an eine ganz andere Stelle im Leben gebracht hat. Ihr Festhalten am früheren Traum bindet jedoch sehr viel Energie, sodass ihr gegenwärtiges Leben womöglich darunter leidet.

Das begrenzte Vermögen, das Leben zu planen

Das Leben ist unvorhersehbar, und der Mensch ist Lebensbedingungen und Ereignissen unterworfen, die außerhalb seines Einflusses liegen. Und obwohl wir das wissen, schmieden wir dennoch Pläne und setzen uns Ziele. Wir machen uns Vorstellungen von zukünftigen Ereignissen und Entwicklungen und von unserem eigenen Platz darin. Das erscheint paradox. Wenn wir so vieles doch nicht beeinflussen und gestalten können, warum versuchen wir es dennoch immer wieder?

Der menschliche Verstand ermöglicht es uns, abstrakt zu denken, uns Dinge vor unserem inneren Auge auszumalen sowie eine zeitliche Dimension zu erfassen. Dadurch haben wir nicht nur ein Bewusstsein von der Gegenwart, sondern auch von Vergangenheit und Zukunft. Dieses Vorstellungsvermögen ist eine wunderbare Gabe. Allerdings können wir es nicht einfach nach Belieben abschalten. So, wie wir nicht einfach nicht denken können, können wir ebenso wenig nicht an die Zukunft denken. Das macht es manchmal so schwer, im Hier und Jetzt zu leben und den gegenwärtigen Augenblick zu würdigen und zu genießen. In Meditationen wird genau dies geübt: die Gedanken zur Ruhe kommen zu lassen und die Wahrnehmung ganz auf den Moment im Jetzt zu richten. Wer das einmal selbst versucht hat, weiß, wie schwer diese Übung sein kann.

Diese Fähigkeit, über das Jetzt hinauszudenken, versetzt uns jedoch in die Lage, uns Ziele zu setzen und Pläne zu schmieden. Unsere selbstgewählten Ziele geben uns Orientierung im Leben. Sie helfen uns, unsere Energien zu bündeln und zu lenken. Sie sind die Landkarte, aufgrund der wir viele alltäglichen Entscheidungen treffen, die die Richtung unseres Lebens bestimmen. Unsere Ziele eröffnen eine sinnhafte Perspektive, die uns motiviert und dabei hilft, schwierige Situationen zu meistern und Hindernisse zu überwinden. Haben wir Ziele im Leben, dann wissen wir, wofür es sich lohnt, sich anzustrengen und den Widrigkeiten des Lebens zu trotzen. Teilen wir ein Ziel mit anderen Menschen, entsteht daraus zudem eine gemeinsame Kraft, ein verbindendes Wir-Gefühl und Zugehörigkeit.

Ob wir ein Ziel erreichen und unsere Lebensentwürfe realisieren können, hängt von vielen Faktoren ab. Unter anderem davon, in welchem Maß wir Verantwortung für unser Leben und für unsere Entscheidungen und deren Konsequenzen übernehmen. Und auch davon, ob wir Chancen ergreifen und bereit und in der Lage sind, uns für unsere Entscheidungen und Ziele einzusetzen und wie viel Energie wir in deren Umsetzung investieren. Und nicht zuletzt davon, wie gut es uns beispielsweise gelingt, unsere Beziehungen zu gestalten und zu leben. In gewissem Sinn können wir einiges dazu beitragen, unsere Ziele zu leben. Dazu braucht es aber auch immer die Kooperation mit anderen Menschen, deren Handeln deutlichen Einfluss auf unser Leben haben kann. Es macht einen großen Unterschied, ob wir in unserem Alltag uns wohlgesinnten Menschen begegnen, die uns bestärken und bei Bedarf unterstützen, oder ob wir uns beispielsweise in einem stark konkurrierenden oder abwertenden sozialen Umfeld bewegen.

Und schließlich brauchen wir auch immer etwas Glück, um unsere Ziele zu erreichen – in dem Sinn, dass die Umstände ohne unser Zutun günstig für uns sind. Das Glück beispielsweise, aus finanziell gesicherten Verhältnissen zu kommen, die uns einen guten Start ins Leben ermöglichen. Das Glück, dass sich gesellschaftliche und arbeitsmarktpolitische Bedingungen zu unseren Gunsten entwickeln, sodass wir beruflich und finanziell Entwicklungspotenzial und Sicherheit haben. Das Glück, gesund zu sein und dass auch geliebte Menschen gesund sind und bleiben. Das Glück, in einer entscheidenden Situation den »richtigen Riecher« zu haben. Und manchmal einfach nur das Glück, zur richtigen Zeit am richtigen Ort zu sein. Das Erreichen unserer Ziele liegt oftmals nicht in unserer Hand.

Manche Ziele erreichen wir ganz nebenbei und so selbstverständlich, dass uns gar nicht bewusst ist, was wir geschafft haben. Andere kosten uns hohen Einsatz und viel Energie, wir strengen uns an und nehmen den Moment des Gelingens erfreut wahr. Andere Ziele setzen wir nur teilweise um oder passen sie den veränderten oder realen Möglichkeiten oder veränderten eigenen Bedürfnissen an. Wieder andere erreichen wir nie, weil das Leben andere Wendungen genommen hat.

Wie aber gehen wir damit um, wenn sich unsere Lebensträume nicht verwirklichen lassen? Wie kommen wir damit klar, dass wir Ziele, die uns sehr wichtig waren, die vielleicht unsere Identität berühren, nicht erreicht haben? Was tun, wenn wir realisieren, dass es nun zu spät dafür ist, sie noch zu leben? Oder wenn wir uns ganz einfach nicht mehr vorstellen können, dass wir sie jemals erreichen werden? Dies kann sämtliche Lebensbereiche betreffen: Manche Menschen geraten beruflich in eine Sackgasse, sie werden arbeitslos oder frühverrentet. Andere träumen vom künstlerischen Durchbruch, der einfach nicht richtig gelingen will. Dritten stellt eine schwerwiegende Krankheit oder ein Unfall das Leben auf den Kopf und verändert alle Lebensbereiche. Partnerschaften gehen zu Ende, weil der Partner oder die Partnerin stirbt oder weil Differenzen in der Beziehung nicht mehr zu überbrücken sind. Für andere Menschen erfüllt sich ein langgehegter Kinderwunsch nicht. Und manche leiden unter einem schwerwiegenden ungeklärten Familienkonflikt, der sich nicht lösen lässt, weil beteiligte Familienmitglieder den Kontakt abgebrochen haben und sich ausschweigen. Das Leben hält vieles für uns bereit, das wir nicht (mehr) ändern können und das oftmals mit Leid und Schmerz verbunden ist.

Werden wir krank, streben wir meist danach, schnell wieder gesund zu werden, um diesem unangenehmen Zustand zu entkommen. Wir wollen zurück in unser »normales« Leben und begreifen die Krankheit als etwas, das uns aus unserem Leben herausreißt. Ähnliches gilt für einschneidende Veränderungen, Schicksalsschläge und ungewollte Brüche, die unser Leben durchkreuzen, ja vielleicht sogar zerrütten.

Das Leid, das uns widerfährt, die Krankheit oder der Schicksalsschlag finden nicht außerhalb unseres Lebens statt, sondern sind Teil desselben. Wir können die Uhr nicht zurückdrehen; kein Weg führt am Jetzt vorbei. Auch vermeintlich falsche Entscheidungen, die wir getroffen haben, oder Chancen, die wir nicht genutzt haben, lassen sich im Nachhinein nicht mehr ändern. Der Philosoph Wilhelm Schmid spricht hierbei von der »Unausweichlichkeit, die Menschen bewusst wird, wenn eine Wirklichkeit endgültig besiegelt ist und keine Möglichkeit mehr offensteht«[21].

Es ist diese Unausweichlichkeit des Lebens, die uns hilflos und ohnmächtig macht und die einen ganzen Sturm an Gefühlen, auch sehr ambivalenten, in uns auslöst: Tiefe Traurigkeit, Einsamkeit, Wut, Zorn, Erleichterung, Schuldgefühle, Scham, Angst oder Verzweiflung können dazugehören und ein regelrechtes emotionales Wechselbad in uns veranstalten. Wir leiden am Verlust, den wir erlitten haben, an der veränderten Lebenssituation, die wir so nicht gewollt haben. Unser Leid entsteht aber auch daraus, dass wir uns schwer damit tun, die Unausweichlichkeit des Lebens anzunehmen und im Herzen zu akzeptieren, dass wir Geschehenes nicht rückgängig machen können.

Trauern und sich aussöhnen

Die ungeplanten Wechselfälle des Lebens fordern uns immer wieder dazu heraus, Abschied zu nehmen. Unser ganzes Leben besteht aus kleinen und großen Abschieden, manchmal auf Zeit, manchmal für immer. Die Psychotherapeutin Katharina Ley schreibt: »Beenden fängt bei der Geburt an – der Abschied vom Mutterleib – und es geht so weiter bis zum Tod. Immer wieder gilt es Abschied zu nehmen, zu beenden, zu trauern – und die Trauer langsam, aber sicher und im versöhnlichen Sinn wieder loszulassen, um etwas Neues zu beginnen.«[22]

Der Prozess des Abschiednehmens und des Trauerns ist eine emotionale Auseinandersetzung mit der Unausweichlichkeit des Lebens, diesem nicht wiedergutzumachenden Verlust oder den nicht nachholbaren Wünschen und Lebensentwürfen. Insbesondere schwere Schicksalsschläge können uns aus unserer vertrauten Lebensbahn werfen und uns durch ein verwirrendes Gefühlschaos herausfordern. Zu trauern kann uns viel Kraft abverlangen, und manchmal rückt das ganze restliche Leben darüber in den Hintergrund. Die Art und Weise, wie Menschen trauern, unterscheidet sich sehr voneinander. Manche treiben Sport, reagieren sich körperlich ab und suchen dabei Halt in regelmäßigem Training und

Bewegung. Andere sitzen am Fenster und schauen stundenlang in den Himmel. Manche suchen den Kontakt zu vertrauten Menschen und verarbeiten das Geschehene, indem sie darüber sprechen, immer wieder. Andere ziehen sich zurück und trauern eher still. Manche weinen viel, der kleinste Anlass kann einen Strom an Tränen auslösen. Andere weinen wenig oder gar nicht. Sie können nicht weinen, auch wenn sie es vielleicht gerne möchten.

Meist braucht Trauer Zeit, manchmal sehr viel Zeit. Unsere Seele hat ihre eigene Geschwindigkeit und lässt sich nicht drängen oder zur Eile antreiben. Auch wenn der Verstand den Verlust, die Veränderung bereits realisiert hat und weiß, es führt kein Weg daran vorbei, sind unsere Gefühle oft noch lange nicht so weit. Gefühle lassen sich nicht ausradieren oder wegwünschen, und Trauer lässt sich nicht beschleunigen. Unsere vielfältigen und oftmals ambivalenten Gefühle brauchen unsere Aufmerksamkeit und Geduld. Vielleicht tauchen unerwartet Wutgefühle auf, beispielsweise die Wut auf den Verstorbenen, dass er sich nicht rechtzeitig helfen ließ, oder auch Erleichterung darüber, dass das Leid der schwerkranken Liebsten nun beendet ist. Das wiederum kann belastende Schuldgefühle auslösen, die ebenfalls verarbeitet werden müssen. All diese Gefühle sind normal und gehen häufig mit der Trauer einher. Es ist wichtig, alle zuzulassen und sie zu spüren. Indem wir sie fühlen und uns mit ihnen auseinandersetzen, können wir sie allmählich verarbeiten, verwandeln und auch wieder loslassen. Werden die Gefühle weggedrückt und übergangen, besteht die Gefahr, dass sie uns unbewusst weiter begleiten und belasten und unser Handeln unbemerkt beeinflussen. Ungelebte Gefühle können unsere Lebensenergien binden und dadurch verhindern, dass wir zu unserer vollen Kraft und Lebensfreude zurückfinden.

Trauern und Abschiednehmen kann auch erschwert werden, wenn wir die Umstände oder die Gründe für den Verlust oder die ungeplante und ungewollte Lebensentwicklung nicht verstehen. Verstand und Herz trachten danach, in Einklang zu kommen. Immer sucht der Verstand nach Erklärungen, warum es so gekommen ist, wie es ist. Verstehen hilft uns dabei, etwas emotional zu verarbeiten. Ist das nicht möglich, wird es nicht leicht, die neue Realität anzunehmen. Stirbt beispielsweise ein gesunder Mensch unerwartet und die Todesursache kann nicht eindeutig festgestellt werden oder die Angehörigen erhalten keine klaren Informationen über die Todesursache, können sie den Tod nicht »verstehen«. Wird einem Menschen plötzlich gekündigt, obwohl er überzeugt ist, gute Leistung erbracht zu haben, und findet er keine andere ersichtliche Erklärung für die Kündigung, dann kann das Nichtverstehen das Gefühl von Kränkung noch verstärken. Erlebt ein Mensch, dass sich der Partner oder die Partnerin von ihm trennt, während er selbst immer noch liebevolle Gefühle für diesen Menschen hegt, kann die Trennung nicht »begriffen« werden. In allen Fällen bleibt eine Lücke, die der Verstand nicht zu schließen vermag und die es schwer macht, den Verlust zu verarbeiten und Trost zu finden. Die Folge ist häufig, dass sich die Gedanken in endlosem Grübeln verlieren, dass die Gefühle nicht zur Ruhe kommen und selbst nach Jahren noch intensiv erlebt werden.

Vertraute Menschen sind im Prozess des Trauerns eine wichtige Stütze. Sie können helfen, indem sie zuhören und versuchen zu verstehen, indem sie aushalten, dass Trauer Zeit braucht und das Erlebte immer wieder erzählt werden muss. Sie leisten Beistand, indem sie Trost spenden und neue Perspektiven aufzeigen oder indem sie eine Struktur und verlässliche Begegnungen anbieten und bei alltäglichen Aufgaben unterstützen.

Manchmal ist die Trauer jedoch weder allein noch mithilfe des Freundes- und Familienkreises zu bewältigen, beispielsweise wenn Gefühle übermächtig sind, alte Traumata angerührt werden oder wenn sich jemand generell schwertut mit Abschied und Trauer. Diese Situationen können sowohl den Trauernden selbst als auch sein soziales Umfeld überfordern. Dann ist professionelle Beratung hilfreich und notwendig, um zu verhindern, dass die unverarbeiteten Gefühle sich verfestigen oder in eine Depression münden. Therapeutische Begleitung, Seelsorge oder Gespräche mit anderen Trauernden in Trauergruppen helfen, sich mit dem eigenen Erleben auseinanderzusetzen, die verwirrenden Gefühle zu verarbeiten und schließlich Trost und neuen Lebensmut zu finden.

Nicht immer sind es Schicksalsschläge, die dazu führen, dass wir Lebensziele nicht erreichen. Häufig ist es der alltägliche Lauf der Welt, eine Vielzahl von Einzelentscheidungen, die irgendwann getroffen wurden, sowie ein Zusammentreffen von Ereignissen und Entwicklungen, die in eine andere Richtung geführt haben. Ist es uns gelungen, diese Entwicklungen in unser Leben zu integrieren und uns immer wieder den neuen Ereignissen anzupassen, haben wir vermutlich viele kleine Abschiede vollzogen, ohne dass diese uns nachhaltig belastet haben. Manchmal halten wir jedoch an Lebenszielen fest, bleiben unseren früheren Vorstellungen und Wünschen verhaftet und leiden dann darunter, dass das Leben anders gekommen ist. In solchen Fällen ist es sinnvoll und entlastend, sich einmal ganz bewusst die Zeit zu nehmen, um das nicht erreichte Ziel zu betrauern, sich dem alten, unterschwelligen Schmerz, den unerfüllten Erwartungen und den erlebten Enttäuschungen zu stellen und sich aktiv damit auseinanderzusetzen. So wird es möglich, den Abschied auch Jahre später noch nachzuholen und den Schmerz zu fühlen, zu bearbeiten und schließlich loszulassen. Dieser Prozess kann dadurch unterstützt werden, dass zugleich auch die aktuelle, reale Lebenssituation und das tatsächlich Erreichte betrachtet und gewürdigt werden: Wo stehe ich heute? Was habe ich stattdessen geschafft? Was ist gut gelaufen? Das lässt uns wieder in Balance finden und lenkt die eigene Wahrnehmung in die Realität und auf die eigenen Stärken und Ressourcen.

Innezuhalten und sich aktiv mit den eigenen unerfüllten Träumen und Lebenszielen auseinanderzusetzen, erfordert Mut und Ehrlichkeit mit sich selbst. Es ist ein Prozess, der uns herausfordert und der uns an unsere Grenzen bringen kann. Die Rückschau birgt immer auch die Gefahr, dass uns die Akzeptanz nicht gelingen will und wir uns stattdessen für das nicht Erreichte abwerten. Abwertung wirkt jedoch destruktiv und beschädigt unser Selbstwertempfinden. Derartige Gedanken sollten immer wieder sofort gestoppt werden. Wer bemerkt, dass er in derartigen Gedanken hängen bleibt, sollte sich unbedingt professionelle Begleitung suchen, damit diese innere Auseinandersetzung und der Abschied von unerreichten Lebenszielen mit positiver Kraft bewältigt werden können.

Inneren Frieden mit unerreichten Lebenszielen zu schließen, ist ein Prozess der Aussöhnung: mit dem Leben, wie es ist, mit all seinen Gegebenheiten und Zufälligkeiten, seiner Unplanbarkeit und Unumkehrbarkeit seinen Frieden machen. Indem wir lernen, immer wieder Abschied zu nehmen und die Veränderungen in unser Leben zu integrieren, stärken wir unsere innere Kraft, um dem Fluss des Lebens zu folgen und seine Strömungen zu bewältigen. Wir stärken unsere Resilienz, diese innere Kraft, die uns hilft, Schmerz zu verarbeiten und Krisen zu meistern. Zugleich öffnen wir uns unserem gegenwärtigen Leben und den Möglichkeiten, die die Zukunft noch für uns bereithält.

Neuorientierung

Der Prozess der Rückschau kann neue Energien und Impulse in uns freisetzen und die Neugier wieder in uns wecken. Das Abschiednehmen ist zugleich auch die Chance, sich anders zu orientieren und andere Wege einzuschlagen.

Nicht immer muss die Neuorientierung mit völlig anderen Zielen einhergehen. Vielleicht entdeckt jemand durch das Innehalten, dass er oder sie noch längst nicht alle Möglichkeiten ausgeschöpft hat, dass die bisher verfolgten Strategien einseitig oder ungünstig gewählt waren oder dass bislang schlicht der Mut für notwendige Entscheidungen und klares Handeln gefehlt hat. In so einem Fall kann die Auseinandersetzung mit den unerreichten Lebenszielen frische Energie für das bekannte Ziel freisetzen und in neue Ideen und Strategien münden. Möglicherweise müssen alte Projektpartnerinnen und -partner verabschiedet und weitere Kontakte geknüpft werden. Vielleicht ist ein Stellenwechsel oder eine Weiterbildung notwendig. Manchmal führen dieser Antrieb, der Mut und die Entschlossenheit dazu, manche Bedingungen zu verändern und günstigere Situationen zu schaffen, um etwas, das unmöglich schien, doch noch zu erreichen.

Manche Menschen werden in dieser inneren Auseinandersetzung erkennen, dass sie sich zu hohe Ziele gesetzt haben oder dass ihre Lebensziele außerhalb ihres persönlichen Einflussbereichs lagen. Sie könnten sich nun abgewandelte, realistischere Ziele setzen, durch die sie zu neuer Tatkraft finden, und so einen neuen Anlauf auf das veränderte Ziel wagen. Vielleicht stellen sie fest, dass sie in ihrem Alltag andere Prioritäten setzen wollen, dass sie ihre Lebensumstände entsprechend umstellen oder konkrete Teilschritte planen wollen, die gangbar sind. Eine Künstlerin im Nebenberuf könnte sich beispielsweise dazu entscheiden, dem künstlerischen Schaffen künftig mehr Zeit und Raum einzuräumen und andere Tätigkeiten dafür zurückzustellen. Sie könnte versuchen, neue Kontakte zu Galerien und Ausstellungsorten zu knüpfen oder im Internet nach neuen Wegen der Sichtbarmachung suchen. Ein Musiker könnte sich nach einer neuen Band oder einer Agentur umschauen oder eine neue Musikrichtung einschlagen. Menschen, deren Kinderwunsch sich nicht erfüllt hat, könnten sich für eine Adoption oder zur Aufnahme eines Pflegekindes entscheiden. Durch die bewusste Auseinandersetzung und veränderte Ausrichtung der eigenen Energie eröffnen sich häufig neue Denk- und Spielräume, um Lebensträume jetzt auf andere Weise umzusetzen.

Menschen, die eine massive Umbruchsituation erlebt haben – zum Beispiel durch Trennung, den Tod eines nahen Angehörigen, einen Unfall oder Krankheit –, brauchen Zeit. Und das nicht nur, um sich emotional mit dem Verlust auseinanderzusetzen, sondern auch, um sich in ihre alltäglichen Abläufe unter den neuen Gegebenheiten einzugewöhnen. Alte Routinen sind weggefallen, neue müssen erst entwickelt werden. Wenn man beispielsweise als Paar gelebt hat, muss nun vielleicht das Alleinsein eingeübt werden, müssen neue Beziehungen aufgebaut und neue Aktivitäten gesucht werden. Menschen, die aufgrund von Krankheit oder eines Unfalls Einschränkungen in ihrer Handlungsfähigkeit erleben, müssen sich ebenfalls ganz neu orientieren und überlegen: Wenn ich nicht mehr leben kann wie bisher, was ist mir jetzt noch möglich? Wie gehe ich das an und was brauche ich dazu? Es braucht Recherchearbeit und womöglich ganz neue Betätigungsfelder, die man sich erst aneignen muss. Wer diese Herausforderung aktiv annimmt und sich allmählich einen neuen Alltag aufbaut, kann eine neue Balance in seinem Leben finden.

Führt eine Neuorientierung dazu, dass bedeutsame Lebensziele ganz aufgegeben werden (müssen), entsteht zunächst eine Leerstelle. Das kann Angst auslösen und zutiefst verunsichern. Wenn etwas endet, wollen wir meist umgehend wissen, wie es mit uns weitergeht; wir wollen einen »Plan B«. Den gibt es aber vielleicht noch nicht, und das kann beunruhigen und eine innere Spannung erzeugen. Eine derartige Lebensphase ist jedoch auch eine große Chance. Die Leerstelle gibt Zeit und Raum, um zu reflektieren und neue Interessen, Wünsche und Vorlieben zu entdecken, die bislang im Verborgenen geschlummert oder sich im Lauf der Jahre verändert haben. Was ist mir jetzt wichtig? Was erfüllt mich und macht mich zufrieden? Oder: Was möchte ich einmal ausprobieren, was ich vielleicht noch nie gemacht habe? Wem es gelingt, die entstandene Leerstelle nicht sofort mit gewohnter Aktivität und Ablenkung zu füllen, sondern die Spannung eine Weile auszuhalten, kann in einen neuen, intensiven Kontakt mit sich treten und dabei vielleicht Überraschendes erfahren. Die Neugierde auf sich selbst ist eine hilfreiche Haltung, um der eigenen Unsicherheit zu begegnen und sich dem Leben wieder zu öffnen.

Mit geöffnetem Herzen und offenen Augen vermögen wir oftmals Dinge zu sehen, die uns vorher verborgen geblieben sind. Wir bemerken früher, wenn sich gute Gelegenheiten bieten, und haben eher den Mut, diese zu nutzen und »beherzt« zuzugreifen. Manchmal erleben wir in solchen Zeiten, dass sich die Dinge wie von allein fügen, ganz ohne unser Zutun. Diese Momente fühlen sich überraschend und leicht an. Dann spüren wir, dass wir im Fluss des Lebens sind.

Teil 2

Ein erfülltes Leben gestalten

Es gibt die Momente, in denen das Leben sich wie von allein entwickelt und uns die Dinge leicht von der Hand gehen, ohne dass wir darüber nachdenken müssen. Dann wiederum stellt es uns vor Herausforderungen und verlangt von uns, dass wir Entscheidungen treffen. Unser ganz alltägliches Leben besteht aus einer Vielzahl von Entscheidungen, auch wenn uns das oftmals nicht bewusst ist. Wir brauchen also eine Idee davon, was uns guttun könnte, sodass wir uns daran orientieren und danach handeln können.
Was macht mich glücklich und zufrieden? Wofür schlägt mein Herz? Auch wenn wir unser Leben längst nicht so gezielt steuern können, wie wir es vielleicht gerne würden, können wir doch manche grundlegenden Weichen stellen und unser Leben aktiv mitgestalten. Selbst in Momenten, in denen unsere Handlungsspielräume gering erscheinen, macht unsere Haltung zum Leben doch einen wesentlichen Unterschied.

Das persönliche Bild von Glück neu entwerfen

Menschen streben nach Glück. Es ist das große Ziel unseres Begehrens und Suchens. Glück ist die strahlende Sonne am Horizont unseres täglichen Lebens. Der Begriff ist so einfach und klar wie Quellwasser – und zugleich ist Glück so vielfältig wie die Menschen. Was ist Glück? Eine Frage, die vermutlich so alt ist wie die Menschheit, so alt wie unsere Fähigkeit zu denken. Diese Fähigkeit macht es uns möglich, über uns selbst zu reflektieren, über unsere Bedürfnisse und unsere Wünsche, unsere Beweggründe und unsere Ziele. Und eben über das, was wir als Glück empfinden.

Wir benutzen den Begriff häufig in alltäglichen Redewendungen: »Zum Glück« oder »Glück gehabt«. Damit drücken wir aus, dass eine Situation gut ausgegangen ist. Auch Erleichterung steckt in den Redewendungen – es hätte schlimmer kommen können. Und beide Redewendungen deuten an, dass das Gute, das sich zu meinen Gunsten eingestellt hat, ohne mein direktes Zutun so geschehen ist. Dass die Umstände günstig waren oder sich jemand anderes für mich günstig verhalten hat. Dass der Zufall oder die Fügung mitgeholfen haben, unabhängig von meinem eigenen Wirken, meinen Fähigkeiten oder meinem Wissen.

Ist Glück also etwas, das zufällig passiert, das mir eher geschieht, als dass ich es herbeiführen könnte? Eine Laune des Schicksals in einem bestimmten Moment des Lebens, ein Geschenk des Himmels? Oder ist Glück etwas, wonach ich streben, etwas, das ich erreichen kann, wenn ich das »Richtige« tue? Zum Beispiel, wenn ich hart genug arbeite – oder wenn ich wenig genug arbeite, je nach Perspektive; wenn ich das »Richtige« konsumiere oder wenn ich im Gegenteil möglichst nicht konsumiere?

Manchmal mag uns Glück als ein Zustand in der Zukunft erscheinen, der erreicht werden will und dann mit viel Aufwand und Hingabe bestmöglich erhalten werden muss. Dann wiederum kann Glück als ein sehr wechselhafter Geselle erscheinen, der uns in manchen Phasen des Lebens seine Aufwartung macht, aber sich dann wieder wochen- oder monatelang nicht mehr sehen lässt. Oder ist Glück etwas, das einfach manchmal aufblitzt und vielleicht nur ein paar Sekunden, einen kleinen Moment lang dauert? Welchen Geruch bringt das Glück mit sich? Ist es der Duft von Flieder im Frühling oder der von frischgebackenem Hefezopf? Schmeckt Glück nach einem kräftigen Steak oder eher nach Erdbeeren auf Schokoladeneis? Lässt sich das Glück im bequemen Sessel mit einem spannenden Buch in der Hand nieder oder bevorzugt es eine Radtour entlang eines Flusses?

Glück hat viele Erscheinungsformen, und Glücksgefühle sind sehr persönliche, individuelle Empfindungen. Dennoch gibt es zugrunde liegende Muster und wiederkehrende Aspekte, die mit dem Begriff Glück, mit all dem, was Menschen glücklich macht, einhergehen. Diesen möchte ich in diesem Kapitel nachgehen. Ich möchte Perspektiven anbieten, die dazu anregen, über die eigenen Vorstellungen von einem glücklichen Leben nachzudenken. Was lässt Sie selbst denken: »Ich bin glücklich« oder »Ich führe ein glückliches, erfülltes Leben«?

Unseres eigenen Glückes Schmied?

Wir kennen die Redewendung: »Jeder Mensch ist seines eigenen Glückes Schmied.« Sie wird dem römischen Politiker Appius Claudius Caeccus zugeschrieben, der sie bereits im dritten Jahrhundert vor Christus verwendet haben soll, und bis heute prägt sie unser Bild von Glück. Die Redewendung vermittelt, dass jeder für sein Glück selbst verantwortlich sei. In dieser Betrachtungsweise wird der Begriff mit Erfolg gleichgesetzt. Wer die richtigen Entscheidungen für sein Leben trifft, sich anstrengt und hart arbeitet, der erreicht seine Ziele und findet also sein Glück. Er hat es sich gewissermaßen selbst verdient. Im Umkehrschluss könnte die Redewendung also leicht dazu verwendet werden, den eigenen Erfolg als rechtmäßig und verdient darzustellen und zugleich weniger erfolgreichen Menschen die Schuld für ihre Situation zuzuweisen. Diese Sichtweise beinhaltet einen sehr engen, materiellen Glücksbegriff und ein monokausales Weltbild, in dem der Mensch als allmächtig und allein verantwortlich für seine eigenen Belange gesehen wird. Dies ist die naheliegende Perspektive einer kapitalistischen Leistungsgesellschaft. Ein derartiges Weltbild hilft dabei, die Leistungsbereitschaft des Einzelnen zu erhöhen und eine ungleiche Verteilung von Einkommen und Vermögen zu rechtfertigen und zu verteidigen. Strukturell bedingte Ungleichheit wird in dieser Erzählung verleugnet und unsichtbar gemacht, während beispielsweise Arbeitslosigkeit oder niedriges Einkommen zum individuellen Versagen erklärt wird. Diese oberflächliche, materialistische Lesart der Redewendung folgt dem Prinzip: Ich bin, was ich habe – und das habe ich mir redlich verdient.

Während diese Vorstellung von Glück heute sehr verbreitet scheint, erleben wir in der Realität jedoch immer wieder, dass zum einen persönlicher Erfolg von vielen Faktoren jenseits der persönlichen Leistung abhängt, zum anderen, dass materieller Erfolg keineswegs ein Garant für ein glückliches Leben ist. Das menschliche Empfinden folgt nicht dieser oberflächlichen Vorstellung von Glück. Glücksgefühle lassen sich nicht auf materieller Ebene produzieren, aktiv herstellen, erarbeiten oder erzwingen. Im Gegenteil, es besteht die Gefahr, dass wir uns von materiellem Erfolg abhängig machen und dass die Gier uns immer weiter antreibt, ohne dass wir uns jemals zufriedengeben und wirklich glücklich sind. Im schlimmsten Fall werden wir »unseres Unglücks Schmied«[23].

Die Redewendung ließe sich aber auch auf einer tieferen Ebene lesen und bekäme damit eine völlig andere Bedeutung. »Jeder ist seines Glückes Schmied« könnte darauf verweisen, dass das, was wir als Glück empfinden, so individuell ist, wie die Menschen selbst es sind. Zu Beginn dieses Kapitels habe ich es mit ein paar Beispielen bereits angedeutet. Was für den einen bedeutungslos und deshalb »unsichtbar« ist, kann bei einem anderen ein unbeschreibliches Glücksgefühl auslösen. Während der eine in stiller Freude dem Summen der Bienen lauscht, lässt dem anderen das Dröhnen des Motorrads das Herz höherschlagen. Am Tauschmobil erlebe ich jeden Samstag, wie unterschiedlich die persönlichen Vorlieben sind. Es passiert nicht selten, dass jemand beispielsweise ein unliebsames Geschenk abgibt, mit dem er nichts anzufangen weiß, und kurz darauf kommt jemand anderes freudestrahlend mit genau diesem Gegenstand in der Hand auf mich zu, um mir dafür zu danken.

Ob man etwas als Glück empfindet, mag auch damit zu tun haben, inwieweit es dem gewohnten Alltag entspricht und also als »Normalität« empfunden wird oder ob es etwas Seltenes und damit etwas Besonderes ist. Es ist ein bekanntes Phänomen, dass Dinge, die uns immer und im Überfluss zur Verfügung stehen, an Bedeutung verlieren und irgendwie gewöhnlich werden können. Gibt es jeden Tag Torte, gewöhnen wir uns daran, und vielleicht mögen wir sie irgendwann gar nicht mehr essen. Gönnen wir uns jedoch nur zu besonderen Anlässen ein Stück, so bleibt die Freude daran erhalten und wir genießen sie aus ganzem Herzen.

Lesen wir die Redewendung »Jeder ist seines eigenen Glückes Schmied« auf diese Weise, können wir gegenüber unseren Mitmenschen eine achtsame, neugierige und fragende Haltung einnehmen: Was ist es, das ihn oder sie glücklich macht? Zugleich schützt uns diese Perspektive davor, andere zu bevormunden. Wir sind uns darüber im Klaren, dass wir nicht wissen und nicht beurteilen können, was für diesen gut ist oder was jenen glücklich macht. Wir können das Glück anderer Menschen nicht schmieden und niemanden zu seinem Glück zwingen, egal, wie gut gemeint dies sein mag.

Zum Glück ohne Vergleichen

Die Welt, in der wir heute leben, vermittelt uns auf vielfältige Weise, dass wir unser Glück in dem finden, was wir kaufen und konsumieren. Die Werbung kennt nur freudestrahlende, gesunde, schöne Menschen, die fröhlich am sonnigen Frühstückstisch sitzen, in das neueste Modell eines Cabrios einsteigen oder auf das angesagte Smartphone tippen und dabei den Mann oder die Frau ihres Lebens finden – das wahre Glück also. Im Netz sammeln junge, gesunde und gut aussehende Influencer Tausende oder Millionen von Followern um sich. Sie zeigen sich in ihrem (scheinbaren) Alltag, schöpfen aus dem Vollen, reisen an die schönsten Orte der Welt und werben ganz nebenbei für die Firmen, die ihnen ihren teuren Lebensstil finanzieren. Durch die Preisgabe ihres alltäglichen Lebens – oder durch die Ausrichtung ihres alltäglichen Lebens auf das Publikum – schaffen sie Nähe zu ihren Followern und eine Intimität, die die Werbebotschaften viel subtiler und effektiver als die klassischen Werbeformen transportieren. Die Influencer werden gefühlt zum Freund oder zur Freundin, die wissen, wie die Welt tickt, die den Weg zum Glück kennen und uns brandheiße Tipps dafür zukommen lassen. Die Bilder dieses Konsumentenglücks sind so stark, allgegenwärtig und durch die neuen Medien zudem so alltagsnah, dass es schwer ist, sich ihrem Sog zu entziehen, auch wenn unser Verstand weiß, dass es sich um Marketing und um eine teuer finanzierte Scheinwelt handelt.

Im Vergleich zu den Welten, die uns das Marketing zeigt, schneiden reale Menschen schlecht ab, immer. Marketing dient im Wesentlichen dazu, einen Bedarf herzustellen, meist für neue Produkte. Damit ist es den Konsumentinnen und Konsumenten immer einen Schritt voraus. In der künstlichen Welt der Werbung beispielsweise scheint auf Knopfdruck die Sonne und für alles bietet sie eine Lösung, selbst für bislang nicht vorhandene Bedürfnisse. Im Vergleich zum Leben des Konsumenten scheinen also die Menschen in der Werbung immer ein etwas besseres Leben zu führen, immer etwas näher am »Puls der Zeit« zu sein, mehr Freunde zu haben, mehr Glück im Leben. Das Vergleichen mit dem eigenen Leben scheint aber genau das Ziel von Marketing zu sein. Denn wie der dänische Philosoph Sören Kierkegaard treffend sagte: »Das Vergleichen ist das Ende des Glücks und der Anfang der Unzufriedenheit.« Und die Unzufriedenheit führt dazu, dass man die angepriesenen Produkte kaufen möchte, um so zu sein wie die Menschen in der Werbung.

Auch Vergleiche im Freundes- und Bekanntenkreis bergen die Gefahr, sich anschließend schlecht zu fühlen: Immer wird es jemanden geben, der etwas mehr hat als man selbst. Etwas Tolleres, Neueres, Cooleres, etwas mit mehr Gimmicks und Features, etwas mit mehr Power und mehr Aufmerksamkeitswirkung. Menschen, die eine starke Neigung zum Vergleichen haben, laufen Gefahr, ein Leben im vermeintlichen Mangel zu führen, ewig zu kurz zu kommen und immer auf das falsche Pferd zu setzen. Dies trifft nicht nur auf unsere Kaufkraft zu, sondern auf viele alltägliche Situationen: Denke ich beim Restaurantbesuch regelmäßig, dass das Essen meiner Begleitperson leckerer ist als meins? Dass ich »falsch« gewählt habe oder gar benachteiligt wurde? Verliert die Erinnerung an meinen Urlaub im Nachhinein an Glanz, wenn mir meine Freundin von ihrem Urlaub vorschwärmt? Oder beschäftigt es meine Gedanken, dass ein befreundeter Lehrer so viele Ferientage hat, während ich selbst mit 25 oder 30 Tagen Urlaub im Jahr klarkommen muss?

Vergleichen macht in aller Regel unglücklich. Denn damit einher geht der Neid, und Neid ist ein ganz schwieriger Begleiter. Neid lässt uns, um die vermeintliche Kluft zu überwinden, das Glück der anderen schmälern, verunglimpfen oder gar zerstören. Deshalb neigen Menschen, die häufig Neid empfinden, leicht zu pauschalen Vorwürfen und Abwertungen, zu Verleumdungen oder dazu, einen Sündenbock zu finden: »Lehrer sind alle faul«, »Der hat doch sicherlich Steuern hinterzogen, um sich das leisten zu können« oder »Mit Können hat das nichts zu tun, die muss Vitamin B genutzt haben«. Vergleichen führt allzu schnell in eine ungute Abwärtsspirale von Neid und Missgunst, die Beziehungen vergiftet und damit dem eigenen Glück im Wege steht.

Wie kann ich dem Vergleichen begegnen, wenn sich dieser allzu menschliche Impuls in mir regt? Ein Weg aus der Glücksfalle Neid ist, den Fokus auf das eigene Innere zu lenken. Im Vergleichen ist der Blick nach außen gerichtet, auf die anderen, die Umwelt und die Unterschiede; der Blick nach innen aber ist verschlossen. Dort jedoch liegt der Schlüssel zu persönlicher Zufriedenheit.

Den Blick auf die eigenen Bedürfnisse richten

Dies ist eine Übung der Selbstwahrnehmung und kann wiederholt geübt werden. Durch das regelmäßige, bewusste Üben verbessert sich allmählich die Wahrnehmung für die eigenen Bedürfnisse.

Wenn Sie sich in einer alltäglichen Situation beim Vergleichen ertappen und Sie bemerken, dass Neid in Ihnen aufkommt, weil jemand etwas hat oder tut, was Sie selbst gerne haben oder tun

würden, dann halten Sie für einen Moment inne: Nehmen Sie Ihre Gefühle genau wahr. Fühlen Sie den Neid und alle anderen Gefühle, die den Neid begleiten. Was ist da noch zu spüren? Nehmen Sie Ihre Gefühle wahr, ohne sich dafür zu verurteilen. Seien Sie neugierig auf sich selbst und lernen Sie sich mithilfe Ihrer Gefühle besser kennen.
Auf welchen Aspekt Ihres Selbst will Sie das Neidgefühl hinweisen? Auf welches Bedürfnis will es Sie womöglich aufmerksam machen? Was würde Ihnen jetzt guttun? Wenn Sie erkannt haben, welches Bedürfnis Sie haben, das erfüllt werden möchte, könnten Sie überlegen, was Sie selbst tun könnten, um es zu befriedigen. Was brauchen Sie dazu? Und wer könnte Ihnen dabei helfen?

Neid ist ein sehr starkes Gefühl, das sich gerne in den Vordergrund drängt und scheinbar einfache Lösungen präsentiert: Hätte ich das (vordergründig begehrte) Produkt, dann ginge es mir gut. Dahinter liegen jedoch meist andere, viel grundlegendere Bedürfnisse, die wir nicht wahrgenommen haben. Das kann das Bedürfnis nach Nähe und Zugehörigkeit sein oder das Bedürfnis, gesehen und anerkannt zu werden. Erkennen wir diese unerfüllten Bedürfnisse, werden wir feststellen, dass es andere Wege gibt, diese zu erfüllen, die zudem wirksamer und nachhaltiger sind, als beispielsweise ein Produkt zu kaufen.

Glücksmomente genießen

Das Leben hält unzählige Glücksmomente für jeden von uns bereit. Mit offenem Herzen lassen sie sich entdecken: ein Spaziergang im Wald, das kraftvolle Empfinden nach ausgiebiger sportlicher Betätigung, ein intensives Gespräch, ein Lächeln, das besondere Licht des Sonnenuntergangs. Viele alltäglichen Momente tragen das Potenzial in sich, gute Gefühle in uns zu wecken.

Glücksgefühle sind ein Geschenk des Universums an jeden Einzelnen von uns. Sie lassen sich jedoch nicht planen oder auf Knopfdruck abrufen, vielmehr stellen sie sich spontan und unvermittelt ein. Der psychologische Psychotherapeut Andreas Knuf beschreibt das sehr anschaulich: »Glück lässt sich (...) nicht erzwingen. Wir können zwar in den Urlaub fahren und uns vorher genau überlegen, wo wir uns wohlfühlen würden; aber ob wir dort dann wirklich zufriedene oder ausgelassene Ferientage erleben, liegt nicht in unserer Hand. Vielleicht können wir unsere Urlaubstage in vollen Zügen genießen, vielleicht plagen uns aber auch Gedanken an zu Hause, oder wir versinken in Schwermut. Glück können wir nicht machen, wir bekommen es eher geschenkt.«[24] Das Leben ist nicht planbar, und unsere Gefühle sind es ebenso wenig. Und so werden unsere Erwartungen manchmal enttäuscht. Womöglich fühlen wir uns in solchen Momenten unglücklich, traurig oder auch wütend. Wäre es dann nicht besser, keine Erwartungen mehr an das Leben zu haben? Sich auf nichts mehr zu freuen, um nicht enttäuscht werden zu können? Doch ich denke, wir brauchen unsere Erwartungen, sie sind ein wichtiger Motor für unsere Lebensenergie. Ohne Erwartungen würden wir vermutlich in Gleichgültigkeit und Langeweile versinken. Unsere Erwartungen lassen uns handeln, kreativ sein und nach Lösungen suchen. Wir sollten sie aber nicht mit Realität verwechseln und uns nicht von ihnen abhängig machen. Das Leben verläuft nun mal oft unvorhergesehen, spontan und wechselhaft. Wenn wir offen für das Leben sind und bereit, auch mit Überraschungen und unverhofften Herausforderungen umzugehen, können wir die Vorfreude auf den Urlaub genießen, unabhängig davon, wie er sich schließlich entwickeln wird. Die Vorfreude selbst ist oftmals bereits ein wertvoller Glücksmoment für sich.

Glücksgefühle wie Freude oder Bezauberung sind spontan und unwillkürlich und oftmals treten sie in Situationen auf, in denen wir gerade nicht damit gerechnet haben. Das sind die besonderen Geschenke des Lebens: ein unverhoffter Brief von einem Freund, ein Moment der Situationskomik in der Straßenbahn oder das Lieblingsgericht, das die Partnerin als Überraschung gekocht hat. Gerade in der Spontaneität und der Überraschung liegt die besondere Würze dieser Momente. Jeder Gegenstand und jedes kleinste Ereignis können Glücksmomente, Bezauberung, Staunen und Freude auslösen, je nachdem, ob und wie sie wahrgenommen werden und auch, welche Erinnerungen sie anrühren. Viele Augenblicke, die wir als Glücksmomente empfinden, sind von außen betrachtet unspektakulär: das Erwachen des Kindes zu beobachten, das anregende Gespräch mit der Freundin oder die Ruhe beim morgendlichen Kaffeetrinken.

Glückstagebuch

Ein Glückstagebuch kann dabei helfen, die Wahrnehmung für die schönen Momente des Lebens zu schulen. Legen Sie ein kleines Heft an, in das Sie alle besonderen, schönen, freudigen und angenehmen Momente Ihres Alltags notieren. Nehmen Sie sich jeden Abend ein paar Minuten Zeit und lassen den vergangenen Tag Revue passieren:
Was hat Ihnen heute Freude bereitet?
Gab es schöne oder genüssliche Erlebnisse?
War es ein Lächeln, eine angenehme Begegnung, ein Naturerleben oder ein Moment, in dem Ihnen etwas gut gelungen ist?
Schreiben Sie alles in Ihr Glückstagebuch und sammeln Sie jeden Tag die Schätze Ihres Lebens.

Glücklich sein

Die positiven Aspekte des eigenen Lebens wahrzunehmen, ist ein wesentlicher Bestandteil eines glücklichen Lebens. Damit ist jedoch nicht gemeint, seinen Fokus auf die besonderen Augenblicke zu verengen und dem herausragenden Kick hinterherzujagen. Denn dann kann es geschehen, dass wir beständig einem Schatten folgen, der das Glück verspricht, und ehe wir es erreichen, hat es sich bereits verflüchtigt. Das zwanghafte Streben nach Höhepunkten kann geradezu unglücklich machen. Demgegenüber ist es vermutlich eher so, dass glückliche Menschen offener dafür sind, in ihrem normalen Alltag die schönen Momente des Lebens zu erkennen und zu genießen.

Glück könnte demzufolge auch als eine Lebenshaltung verstanden werden: Glücklich sind jene, die mit ihrem Leben grundlegend zufrieden sind, die sich wohlfühlen und die Fähigkeit haben, Freude zu empfinden. Menschen reagieren unterschiedlich auf dieselbe Ausgangssituation: Ist das Glas üblicherweise eher halb leer oder halb voll? Wird eine neue Aufgabe bei der Arbeit eher als lästige Bürde oder als Herausforderung empfunden? Werden Konflikte eher als ärgerliches und störendes Problem gesehen, das möglichst vermieden werden muss oder als Chance erkannt, weil sie eine Klärung ermöglichen, durch die eine Beziehung manchmal sogar vertieft werden kann? Situationen, die von den einen in erster Linie als Belastung empfunden werden, erleben andere dagegen als Möglichkeit für die eigene Weiterentwicklung. Glücksempfinden ist in gewisser Weise unabhängig von den konkreten Umständen und Rahmenbedingungen unseres Lebens, sondern hängt vielmehr mit unserer Wahrnehmung und unserer persönlichen Beurteilung dieser Umstände zusammen. Unser persönliches Glücksempfinden scheint eng gekoppelt an die eigene Fähigkeit, das Leben, wie es ist, anzunehmen und immer wieder eine innere Balance zu finden. Wir »schmieden« unser Glück nicht mit unseren Händen, sondern mit unserem Herzen. So betrachtet liegt das Glück tief in uns selbst.

Auf einer äußeren Ebene können wir darauf achten, gute Rahmenbedingungen zu schaffen, die es uns leichter machen, ein glückliches Leben zu führen. Selbstverständlich ist es nicht möglich, unser Glücksempfinden auf Knopfdruck zu aktivieren. Ob sich Glücksgefühle einstellen, liegt oft nicht in unserer Hand, wir können sie nicht erzwingen. »Aber natürlich gibt es vieles, das die Wahrscheinlichkeit für Zufriedenheit und Freude erhöht: wenn wir eine gute Balance schaffen zwischen Anspannung und Entspannung, zwischen Alleinsein und Geselligkeit mit anderen, zwischen Arbeit und Freizeit, zwischen Bewegung und Rumlümmeln.«[25] Andreas Knuf nennt hier mehrere Gegensatzpaare, deren Pole jeweils wichtig sind für ein glückliches Leben. Ein Beispiel: Wir Menschen sind soziale Wesen. In der Kommunikation mit anderen finden wir Resonanz. Gehen wir in der Geselligkeit jedoch zu sehr auf, laufen wir Gefahr, den Kontakt zu uns selbst zu verlieren. Wir brauchen also auch das Alleinsein, um uns auf uns selbst zu besinnen und uns selbst zu spüren. Es ist die stimmige Balance aus Alleinsein und Geselligkeit, die zu einem zufriedenen und glücklichen Leben beiträgt. Dies betrifft auch andere Bereiche: Wie viel

Arbeit tut mir gut und wie viel Erholung und freie Zeit brauche ich? Wie viel Sport und Bewegung brauche ich und wie viel Zeit nehme ich mir für Ruhe? Sind wir aufmerksam für das, was uns guttut, und achten wir auf unsere Empfindungen und Körpersignale, können wir unsere innere Balance immer wieder neu austarieren und unseren Alltag dementsprechend gestalten.

Glück durch die Verwirklichung unseres Selbst

Das Glück liegt in uns selbst, habe ich gerade geschrieben, und damit unsere Haltung zum Leben beschrieben, unsere Fähigkeit, es anzunehmen und Freude und Zufriedenheit zu empfinden. Der Satz trifft aber auch auf eine weitere Art zu: Das Glück liegt in unserem Selbst, in dem, wer wir sind und wie wir unser Selbst in unserem Leben verwirklichen. Erich Fromm schrieb unter dem Titel »Authentisch leben«: »Wir glauben, dass die Verwirklichung des Selbst (…) durch die Verwirklichung der gesamten Persönlichkeit zustande kommt, wenn der Mensch nämlich alle seine emotionalen und intellektuellen Möglichkeiten zum Ausdruck bringt. (…) Die positive Freiheit besteht im spontanen Tätigsein (activity) der gesamten integrierten Persönlichkeit.«[26] Wir alle haben unsere spezifischen Talente und Interessen. Unsere Persönlichkeit ist komplex und unser emotionales Erleben ist vielschichtig und individuell. Indem wir unsere »gesamte Persönlichkeit« in all ihren Facetten, Fähigkeiten und Möglichkeiten verwirklichen und sie in einem aktiven Schaffensprozess zum Ausdruck bringen, spüren wir uns selbst. Für Fromm ist dabei »das spontane Tätigsein« ein wesentlicher Schlüssel zu unserem Glücksgefühl und zu einem authentischen Leben. Spontanes Tätigsein versteht er in dem Sinn, dass wir »aus freien Stücken« selbstbestimmt handeln, jenseits einer gesellschaftlichen oder wirtschaftlichen Verwertungslogik, jenseits von Auftrag oder Gegenwert. Dass wir etwas tun und darin aufgehen, einfach weil wir es wollen, weil es uns Freude macht, unabhängig von einem gesellschaftlich verwertbaren Ergebnis. Menschliches Glück entsteht aus diesen Momenten innerer Freiheit.

Vielleicht gefällt mir dieser Gedanke deshalb so gut, weil ich selbst erst vor ein paar Jahren entdeckt habe, wie gerne ich male. Davor hatte ich das Selbstbild: »Ich kann nicht malen« und »Ich bin nicht kreativ«. Im Vergleich zu anderen habe ich im Kunstunterricht in der Schule nicht besonders gut abgeschnitten, und das Malen erschien mir eine Welt für andere zu sein. Erst durch einen Kurs entdeckte ich, dass Malen mir Spaß macht. Ich habe kein konkretes Ziel, das ich damit erreichen möchte. Es macht mir lediglich Freude, ab und zu den Pinsel in die Hand zu nehmen und mich der Tätigkeit hinzugeben. Das Malen erlebe ich als erfüllend, ohne dass es irgendeinem anderen Zweck dient.

Das gilt aber keineswegs nur für die klassischerweise als kreativ verstandenen Berufe, die gestaltenden und darstellenden Künste, das Schreiben oder die Musik beispielsweise, sondern für all unsere Fähigkeiten: »im spontanen Tätigsein (activity) der gesamten integrierten Persönlichkeit«. Das umfasst sämtliche Interessensgebiete und Talente. Meiner Ansicht nach kommt es vor allem auf die innere Haltung an, mit der wir eine Tätigkeit ausführen, damit wir sie als sinnvoll und erfüllend erleben.

Was Erich Fromm als »spontanes Tätigsein aus freien Stücken« beschreibt, wird heute mit dem Begriff »Flow« bezeichnet. Flow ist ein Erlebniszustand, der dann eintritt, wenn man sich hochkonzentriert in eine Tätigkeit vertieft, die Freude bereitet, und ganz in diesem Tun aufgeht.[27] Viele Menschen kennen diesen Zustand vermutlich aus eigener Erfahrung: wenn sie sich ganz in einer Tätigkeit verlieren und darüber die Zeit vergessen. Wenn sie bei einer Aktivität gefesselt sind und sich ihr Tun dabei leicht anfühlt. Meist stellt sich dieser Zustand im Freizeitbereich ein, dann also, wenn es keinen Termindruck und keine Fristen gibt und wenn keine vorgegebenen Pflichten zu erfüllen sind. Etwas im Flowzustand zu tun, unterscheidet sich grundlegend von allem, was wir tun, um etwas jenseits der eigentlichen Tätigkeit zu erreichen, um beispielsweise Geld, Ruhm, eine Gegenleistung oder auch Bewunderung zu erlangen. Wesensmerkmal des Flow ist die Eigenmotivation, die intensive Beschäftigung mit etwas aus einem eigenen inneren Bedürfnis heraus (intrinsische Motivation). Sich derart in eine Aufgabe zu vertiefen, kann sehr beglückend sein. Im Flow entwickeln wir uns weiter und machen neue Erfahrungen – und manchmal erleben wir dabei Momente, in denen wir über uns selbst hinauswachsen.

Selbst-Verwirklichung
Nehmen Sie sich einen Moment Zeit, um zu erforschen, wo Ihr innerer Antrieb liegt, Ihre persönlichen Leidenschaften liegen. Was machen Sie aus ganzem Herzen und mit Hingabe? Bei welchen Aktivitäten vergessen Sie die Zeit? Bei welchen Tätigkeiten engagieren Sie sich aus freien Stücken, auch wenn sie Anstrengung bedeuten?

Lebenssinn als Weg zum Glück

Ein wesentliches Element eines glücklichen Lebens scheint mir zu sein, dass wir es als sinnvoll erleben. Manchmal frage ich mich, wie viel Leid wohl daher rühren mag, dass Menschen ihr Leben als sinnlos empfinden? Unsere Gesellschaft bietet uns rund um die Uhr Ablenkung, Beschäftigung und Konsummöglichkeiten. Diese verursachen jedoch, wenn wir sie losgelöst von unseren tatsächlichen Bedürfnissen verwirklichen, häufig eine innere Leere in uns, die wir mit noch mehr Aktivität überspielen, um sie nicht spüren zu müssen. Wir bewegen uns in unserem Hamsterrad und verausgaben uns, ohne zu wissen, wozu. Bis die Sinnfrage eines Tages an die Oberfläche dringt und uns unser sinnloses Tun schmerzlich bewusst macht. Unser Menschsein verlangt nach Sinn, nach etwas, das das Leben für jeden Einzelnen lebenswert macht. Lebenssinn kann von niemandem allgemeingültig definiert werden, denn Sinn kommt nicht von außen, er ist nicht unabhängig von uns oder unserem Zutun. Viktor Frankl, der Begründer der Logotherapie, war überzeugt, dass es im Wesen des Menschen liege, Sinn für sein Leben zu suchen und dass jeder selbst die Freiheit und die Verantwortung habe, seinem Leben einen persönlichen Sinn zu geben. »Sinn kann nicht gegeben, sondern muß gefunden werden.«[28] Sinnsuche ist also eine zutiefst persönliche Angelegenheit mit zutiefst persönlichen Antworten.

Die individuellen Vorstellungen vom Sinn des Lebens entspringen der eigenen Haltung zum Leben, den persönlichen Weltanschauungen und spirituellen Vorstellungen. So unterschiedlich diese sein können, möchte ich hier dennoch ein paar Gedanken und Beispiele vorstellen, die dazu anregen können, über den Sinn des Lebens nachzudenken.

Lebenssinn erfahren Menschen im Zusammenleben mit anderen, sei es in der Partnerschaft oder Familie, aber auch in Glaubens- oder anderen Lebensgemeinschaften, die durch eine gemeinsame Weltsicht, gemeinsame Werte oder einen geteilten Lebensentwurf geprägt sind. Die Auseinandersetzung mit als wesentlich empfundenen Themen, das gemeinschaftliche Leben und Handeln, die Zuwendung, Nähe, gegenseitige Wertschätzung und Liebe können Zusammenhalt und Sinn stiften.

Menschen mit Kindern finden häufig in der Verantwortung für sie Lebenssinn. In der Beziehung zu ihnen fühlen sie das Leben intensiv. Kinder handeln spontan, und ihre Gefühle sind unverstellt und authentisch. Sie spiegeln die Erwachsenen unvoreingenommen und fordern sie heraus. Kinder vermögen es, andere in ihrem tiefsten Inneren zu berühren. Eltern vermitteln durch ihr Handeln ihre eigenen Wertvorstellungen an ihre Kinder und nehmen so Einfluss auf die neue Generation. In ihren Kindern hinterlassen sie »Spuren« in der Welt. Die Verantwortung für Kinder ist für viele eine Energiequelle, die ihnen Kräfte verleiht, von denen sie vorher nicht einmal zu träumen gewagt hätten. Sie finden Erfüllung und Lebenssinn in der Beziehung zu ihren Kindern.

Viele Menschen empfinden es zudem als sinnstiftend, sich um eine ethische Lebensweise zu bemühen. Auf dem Hintergrund eines moralischen Wertekanons entscheiden sie sich, ihr alltägliches Handeln daran auszurichten. Sie sind bestrebt, ein »gutes« Leben zu führen, beispielsweise die Würde anderer zu achten, gerecht zu handeln und gewaltfrei zu kommunizieren. Sie prägen durch ihr Verhalten das Zusammenleben ihrer Gemeinschaft in einer Weise, die sie als sinnvoll erleben. So sind sie beispielsweise bereit, Verantwortung für andere Menschen in ihrem privaten Umfeld zu übernehmen, wenn diese in Krisen geraten oder ganz einfach Hilfe brauchen.

Solidarisches Handeln ist für viele ein Schlüssel zu einem glücklichen und erfüllten Leben. Sie engagieren sich auf einer gesellschaftlichen Ebene für Ideen oder Projekte, die ihren Wertvorstellungen entsprechen. Sie sind zum Beispiel in politischen Gruppen aktiv oder für ökologische Ziele, arbeiten ehrenamtlich in sozialen, karitativen oder auch kulturellen Einrichtungen und Projekten, übernehmen im Sportverein Verantwortung, besuchen alte Menschen im Pflegeheim oder leisten Nachbarschaftshilfe. Menschen, die sich solidarisch engagieren, erleben sich als Teil einer Gemeinschaft und als selbstwirksam; ihr Handeln hat Wirkung über ihr Privatleben hinaus. Sie bekommen Resonanz aus ihrer Gruppe oder Gemeinschaft und von jenen, denen sie helfen. Sie erleben, dass sie gebraucht werden und etwas zur Gemeinschaft beitragen können. Durch ihr Engagement schaffen sie etwas, das über ihren ganz persönlichen Nutzen hinausreicht, und erfahren ihr Handeln als sinnvoll. Ich selbst erlebe in meinem ehrenamtlichen Projekt Tauschmobil jeden Samstag die Freude und die positive Energie, die sich in der solidarischen Zusammenarbeit mit anderen Menschen entwickeln kann. Und wenngleich die ehrenamtliche Arbeit nicht immer einfach ist und auch Herausforderungen und Konflikte bewältigt werden müssen, trägt das Projekt wesentlich dazu bei, dass ich mein Leben als sinnvoll und erfüllt empfinde.[29]

Ein weiterer Weg zu einem sinnerfüllten Leben liegt im Glauben und in Spiritualität. Traditionell bieten Religionen ihren Gläubigen Zugehörigkeit, Werteorientierung und einen sinnstiftenden religiösen Kontext. Sinnhaftigkeit kann in religiösen Ritualen und Praktiken wie auch im alltäglichen Zusammenleben erfahren werden. Neben den Religionen gibt es viele weitere spirituelle Lebensweisen und Richtungen. Yoga und Meditation sind verbreitete Formen spiritueller Praxis, die auch in nicht-religiösen gesellschaftlichen Milieus Eingang gefunden haben. Sie stellen Wege zu bedingungsloser Liebe und bedingungsloser Annahme des eigenen Selbst und des menschlichen Lebens dar, mit all seinen unausweichlichen Gegebenheiten. Spirituelle Praxis führt uns zu unseren inneren Werten, zu unserer Fähigkeit, Mitgefühl zu empfinden und Toleranz zu leben. Indem wir unser Mitgefühl kultivieren und unser Herz für unsere Nächsten, für die Gemeinschaft öffnen, erfahren wir, dass

Glück im menschlichen Zusammenhang entsteht. So ist der indische Philosoph und buddhistische Meister Shantideva überzeugt: »Alles Glück der Welt begegnet uns, wenn wir andere glücklich machen.«[30]

Lebenssinn
Die Frage nach dem Sinn des Lebens kann jeder Mensch nur sich selbst beantworten, sie ist zutiefst persönlich.
Was gibt Ihrem Leben Sinn? Was bedeutet für Sie ein erfülltes Leben? Welche Werte sind Ihnen wichtig und leiten Sie in Ihrem Handeln? Was erfüllt Sie mit Freude oder macht Sie zufrieden? Welche Beziehungen, welche Tätigkeiten oder welche anderen Aspekte Ihres Lebens empfinden Sie persönlich als sinnhaft?

Beziehungen stärken

Unsere Beziehungen sind ein wesentlicher Schlüssel zu unserem Glück. Als soziale Wesen mit emotionalen Bedürfnissen suchen wir die Beziehung zu anderen Menschen, um Nähe zu erleben und Geborgenheit zu finden, um uns mit ihnen auszutauschen und uns im gemeinsamen Kontakt zu spüren. Gelungene Beziehungen und die Kooperation mit anderen tragen wesentlich dazu bei, dass wir unser Leben als erfüllt empfinden. Nichtsdestotrotz können Beziehungen auch Ursache von schwerem Leid und äußerst unangenehmen Gefühlen sein. Allzu schnell kommt es im Alltag zu Konflikten und Kränkungen, die uns häufig lange beschäftigen und Lebensenergie binden. Umso wichtiger ist es, Beziehungen zu pflegen und immer wieder zu klären, sodass sie zu einem Quell von Freude, Leichtigkeit und Lebensenergie werden.

Die stärkende Kraft von Beziehungen

Im Zusammenleben mit unseren Liebsten erfahren wir Zugehörigkeit und Intimität. Wir fühlen uns geborgen, und unsere Liebsten fühlen sich geborgen bei uns. Wir sind Gebende und Nehmende zugleich: Wir erlauben uns, unsere bedürftige Seite zu zeigen und erfahren Zuwendung; ebenso können wir unsere starken Anteile leben und erhalten dafür Zuspruch und Anerkennung. Wenn wir uns in einer Beziehung wohlfühlen, wechseln diese Rollen manchmal von Moment zu Moment und wir fühlen uns lebendig. Im Kontakt mit unseren Liebsten erfahren wir, was es heißt, zu lieben und geliebt zu werden, andere anzunehmen und selbst angenommen zu werden, so, wie wir sind. Wir wissen um die tiefen Gefühle und geheimen Wünsche der Menschen, die uns vertrauen. Und wir selbst offenbaren uns denen, denen wir vertrauen. Wir verbinden uns mit anderen, indem wir emotionale und körperliche Nähe, innige Zärtlichkeit und wohltuende Berührung geben und empfangen. In unseren Partnerschaften leben wir zudem unsere sexuellen Bedürfnisse und spüren die Energie unserer sexuellen Lust. Nähe und Verbundenheit spüren wir auch im Humor, indem wir über dieselben Situationen lachen und uns dadurch vergewissern, dass wir uns im Herzen zutiefst verstehen.

Im Kontakt mit anderen Menschen, durch das, was sie sagen, wie sie handeln und wie sie auf uns reagieren, nehmen wir uns selbst wahr. Wir sind in Resonanz miteinander und spiegeln uns gegenseitig. Wir spüren, wer wir sind, erleben unsere Stärken und unsere persönlichen Eigenheiten. Wir erkennen, was wir lieben und was uns wichtig ist, was uns interessiert und wo unsere Fähigkeiten liegen. Wir nehmen Gemeinsamkeiten mit unserem Gegenüber wahr und auch das, was uns unterscheidet, was uns ganz persönlich ausmacht. So erleben wir uns in unserer individuellen Persönlichkeit und zugleich als Teil eines größeren Ganzen.

Im gedanklichen Austausch mit anderen Menschen bereichern wir uns gegenseitig. Wir regen uns dazu an, über das Leben nachzudenken und den eigenen Horizont zu erweitern. Wir erfahren Zuspruch und Widerspruch, Konsens und Reibung. Insbesondere dort, wo wir Widerspruch ernten und wo Reibung entsteht, sind wir besonders herausgefordert. Diese Situationen können schmerzhaft sein. Zugleich tragen sie großes Potenzial in sich, weil sie uns anstoßen, über uns nachzudenken, unsere bisherigen Positionen zu überdenken und die Ansichten unseres Gegenübers zu reflektieren. Sind wir bereit für Auseinandersetzungen mit den Menschen, die uns nah sind, lernen wir ein Leben lang dazu und reifen in unserer Persönlichkeit.

Spannungen akzeptieren

Dort, wo Widerspruch und Reibung entstehen, besteht allerdings auch die Gefahr, dass uns die Situation überfordert, dass wir uns in Streit und Rechthaberei verwickeln und unsere Ohren für die Argumente der anderen verschließen, weil sie uns so fremd und »falsch« erscheinen. Ein Verstehen ist in diesen Momenten mitunter nicht möglich. Zu verschieden mögen unsere individuellen Erfahrungen sein, die zu unserer jeweiligen Sicht geführt haben. Insbesondere, wenn uns ein Mensch sehr am Herzen liegt, ist diese Unterschiedlichkeit schwer auszuhalten, da wir uns nach Gemeinsamkeit und Einvernehmen sehnen. Manchmal ist dies nicht möglich, und ein Disput verfestigt sich zu einem handfesten Streit. In einer derartigen Situation kann ein bewusstes Innehalten helfen, um aus dem Rechthabenwollen auszusteigen. Das Ziel einer weiteren Klärung wäre, die gegensätzlichen Positionen zu hören und zu lernen, sie zu akzeptieren: »So unterschiedlich sind wir also!« Stabile Beziehungen halten es aus, dass die Beteiligten nicht immer einer Meinung sind oder nicht immer dieselben Vorlieben haben. Das betrifft partnerschaftliche Beziehungen genauso wie freundschaftliche oder Eltern-Kind-Beziehungen. Leider passiert es häufig, dass wir eine gegensätzliche Meinung abwerten oder Unterschiedlichkeiten überspielen oder verstecken, um ein harmonisches Miteinander vorzutäuschen. Dabei ermöglicht die Akzeptanz der Verschiedenheit eine klare Kommunikation und respektiert die unterschiedlichen Lebenserfahrungen und Ansichten der Beteiligten.

Ein weiterer Anlass für Konflikte sind die menschliche Widersprüchlichkeit sowie die persönliche Veränderung im Lauf eines Lebens. Bis gestern wollte die Lebenspartnerin immer Campingurlaub machen – und jetzt spricht sie auf einmal von All-inclusive-Urlaub?! Bislang setzte sich der beste Freund für eine ökologische und nachhaltige Lebensweise ein – und jetzt kauft er sich ein großes Haus, das er ganz allein bewohnt?! Menschen verändern sich. Nicht selten sind Wünsche längst im Verborgenen vorhanden, werden aber nicht geäußert, weil sie nicht zum Selbstbild und zum bisherigen Lebensmodell passen. Zudem haben Menschen unterschiedlichste Bedürfnisse, die sich in ihrer Umsetzung bisweilen widersprechen können. Wer nachhaltig leben möchte, hat vielleicht trotzdem Sehnsucht nach der Ferne und möchte reisen und andere Kulturen hautnah erleben. Die eigene Widersprüchlichkeit zu akzeptieren, ist vermutlich genauso schwierig, wie mit der Widersprüchlichkeit der anderen umzugehen. Allzu schnell sind wir im Bewertungsmodus: »Das ist unmöglich!« oder »Das kannst du nicht machen!«. Nicht immer lassen sich gegensätzliche Bedürfnisse vereinen oder gute Kompromisse im Alltag finden. Immer wieder muss man abwägen, welchem Bedürfnis man gerade Vorrang einräumen möchte. Allerdings wird dieses Abwägen leichter, je offener wir mit unserer Widersprüchlichkeit umgehen und akzeptieren, dass sie Teil unseres Wesens ist. Sie ist ein inneres Spannungsfeld, mit dem wir leben lernen müssen. Gestehen wir uns das zu, fällt es uns zudem leichter, mit der Widersprüchlichkeit anderer umzugehen. Dann können wir diese wahrnehmen und benennen, ohne sie persönlich zu nehmen. Anstatt sie abzuwehren und zu bekämpfen, können wir Neugier entwickeln und nachfragen: »Was ist es, das dich in dieser Situation anders denken oder handeln lässt?« So bleiben wir auch offen gegenüber den allmählichen Veränderungen, die wir und unsere Mitmenschen im Lauf unseres Lebens durchlaufen. Denn niemand bleibt derselbe Mensch, der er einmal war. Jeder Moment des Lebens prägt und verändert uns, meist ohne dass wir es selbst bemerken.

Oftmals hadern wir auch damit, dass sich andere uns gegenüber nicht immer nur freundlich, liebevoll und ehrlich verhalten.[31] Wir sind traurig oder ärgern uns, dass uns jemand belügt, ausgrenzt oder abwertet. Vielleicht wehren wir uns und machen unserem Gegenüber Vorwürfe. Nicht selten ärgern wir uns auch über uns selbst, dass wir selbst unseren eigenen ethischen Ansprüchen nicht genügen und uns anderen gegenüber lieblos verhalten. Vielleicht schämen wir uns dafür, dass wir im Gespräch laut und rechthaberisch geworden sind oder jemanden gekränkt haben. Scham- und Schuldgefühle können unsere Lebensenergie erheblich mindern und seelisch schwer belasten. Um diese Schuldgefühle loszulassen und aus der Anklage und dem Groll gegen andere auszusteigen, können wir immer wieder neu versuchen, uns selbst und andere in ihrer menschlichen Unvollkommenheit anzunehmen und Mitgefühl mit uns und den anderen zu pflegen. Selbstverständlich ist es richtig und wichtig, sich um eine wertschätzende, respektvolle Haltung und Kommunikation zu bemühen. Aber es ist eben auch menschlich, dass wir Fehler machen, dass wir manchmal vielleicht vorschnell urteilen oder uns emotional verstricken. Eine annehmende und akzeptierende Haltung unserer Fehlbarkeit gegenüber ermöglicht es uns, im manchmal turbulenten Alltag nachsichtiger mit uns selbst und anderen zu sein. Sie lässt uns versöhnlicher werden und bringt mehr Leichtigkeit in unsere Beziehungen und in unsere alltäglichen Kontakte.

Spannung und Widersprüchlichkeit erkennen und annehmen
Gibt es in Ihrem Familien-, Freundes- oder Bekanntenkreis Menschen, deren Verhalten Sie regelmäßig stört und die Sie (gedanklich oder verbal) bewerten oder gar abwerten? Gibt es Eigenschaften oder Verhaltensweisen bei Ihnen selbst, die Sie ablehnen, weil sie nicht mit Ihrem (Wunsch-)Bild von sich übereinstimmen?
Schließen Sie nun die Augen und denken Sie an eine konkrete Situation der vergangenen Tage, in der Sie sich im Nachhinein über Ihr eigenes Verhalten geärgert haben. Lassen Sie die Szene vor Ihrem inneren Auge Revue passieren. Öffnen Sie nun Ihr mitfühlendes Herz für sich selbst in dieser Situation, in der Sie so gehandelt haben, wie Sie es eigentlich gar nicht wollten. Geben Sie sich nun die Erlaubnis, Fehler machen zu dürfen. Schenken Sie sich Nachsicht und Mitgefühl. Vielleicht nehmen Sie sich vor Ihrem inneren Auge in den Arm oder lächeln sich zu.
Was haben Sie gespürt? Haben sich Ihre Gefühle verändert? Was ist aus Ihrem Ärger geworden?
Vielleiht hat sich Ihr Ärger aufgelöst und Sie fühlen sich nun besser. Vielleicht ist Ihr Ärger aber auch sehr mächtig und wehrt das Mitgefühl ab. Diese Übung kann immer wieder angewendet werden, und bei jedem Mal wird sie Ihnen etwas leichter fallen und der Ärger sich schneller verflüchtigen.
Sie können sie auch nutzen, wenn Sie sich über das widersprüchliche oder »unverständliche« Verhalten anderer geärgert haben. Sie fördert Toleranz im Kontakt mit der Familie, Freunden und Bekannten und ein freundliches Miteinander.

Konfliktfähiger werden

Konflikte lassen sich im menschlichen Zusammenleben nicht vermeiden. Viele von uns erleben sie allerdings als störend, unangenehm oder gar als bedrohlich, weil sie die Beziehung zum Gegenüber gefährden oder gar den eigenen Selbstwert infrage stellen. Also versuchen wir, sie zu vermeiden, indem wir sie ignorieren oder bagatellisieren, ihnen ausweichen oder von ihnen ablenken, indem wir nur scheinbar einlenken oder Türen knallen und gehen. All das führt jedoch nicht dazu, dass der eigentliche Konflikt gelöst wird, sondern dass die Störung in der Kommunikation und in der Beziehung, oftmals unterschwellig, bestehen bleibt.

Konfliktfähiger zu werden kann bedeuten, zunächst einmal anzuerkennen, dass Konflikte existieren, und dann die Scheu davor abzubauen. Denn Konflikte können auch eine Chance sein, sich persönlich weiterzuentwickeln und die Beziehung zum Gegenüber zu vertiefen. Wenn man einen Konflikt miteinander löst, wird das gegenseitige Vertrauen dadurch nachhaltig gestärkt. Konfliktfähigkeit kann zudem bedeuten anzuerkennen, dass sich nicht alle Unstimmigkeiten sofort in der Situation klären lassen. Das ist manchmal schwer auszuhalten, genau das aber ist bisweilen erforderlich: sich Zeit zu nehmen, zuzuhören und miteinander zu reden, um etwas wirklich zu verstehen. Wer immer eine schnelle Lösung sucht, läuft Gefahr, das eigentliche Problem unter den Tisch zu kehren oder es einseitig dem Gegenüber zuzuschieben. Dann werden jedoch die Konflikte mit großer Wahrscheinlichkeit immer wieder auftauchen und immer weitere Kränkungen nach sich ziehen. Um sie wirklich zu klären, braucht es meist etwas Durchhaltevermögen und die Fähigkeit, innere Spannung eine Weile auszuhalten.

Im akuten Konfliktfall kann es oftmals bereits helfen, sich zu stoppen anstatt schnell zu agieren und zu reagieren. In der Hitze eines Disputs passiert es leicht, dass eine gefühlte Kränkung mit einem Angriff beantwortet wird und eine Unstimmigkeit sich dadurch aufbauscht und eine viel größere Bedeutung bekommt, als sie es zu Beginn des Gesprächs hatte. Innezuhalten und vielleicht auch für einen Moment aus dem Gespräch auszusteigen, erlaubt es, sich emotional zu sammeln und nachzudenken. Eine derartige Gesprächspause sollte angekündigt werden, damit das Gegenüber weiß, woran es ist. Die Pause kann dazu genutzt werden, die eigenen Emotionen wahrzunehmen und zu ergründen, was diese ausgelöst hat. Sie kann auch helfen, sich in den anderen hineinzuversetzen: Was bringt sie oder ihn so auf? Diese Offenheit für die Sicht des Gegenübers ist ein wichtiger Schritt zur Lösung des Konflikts.

In Konfliktsituationen geschieht es häufig, dass unser Gegenüber etwas sagt, das uns kränkt. Es kann sein, dass die Kränkung beabsichtigt war, dann sollte darüber gesprochen werden. Viel häufiger liegt der Grund dafür jedoch darin, dass die Situation an alte Gefühle aufgrund vergangener Erlebnisse, oftmals aus der frühen Kindheit, rührt. Wir werden »getriggert«. Unser Gefühl kann nicht unterscheiden, aus welcher Zeit es stammt; es ist in diesem Moment real und intensiv. Deshalb bemerken wir oftmals nicht, dass es sozusagen eine Zeitreise hinter sich und mit der aktuellen Situation und dem jetzigen Gegenüber nichts zu tun hat. Jeder von uns handelt aufgrund seiner eigenen Geschichte. Insbesondere die Erfahrungen in der Kindheit prägen uns. Ob wir mit Geschwistern aufgewachsen sind oder ohne, unsere Stellung in der Geschwisterreihe und unsere spezifische Beziehung zu den Eltern und anderen uns nahen Personen haben uns beeinflusst. Wir haben eine Art Rolle für unser Leben gelernt, die uns immer wieder in ähnlicher Weise denken, fühlen und handeln lässt, auch wenn die Situation im Jetzt eine andere ist. Diese »Zeitreise-Gefühle«[32] lassen sich oftmals daran erkennen, dass sie sehr stark sind, heftiger, als es in der realen Situation angemessen oder nötig wäre. In diesen Momenten ist es ratsam, ein Konfliktgespräch zu unterbrechen und sich die Zeit dafür zu nehmen, die eigenen Gefühle zu klären: Welche gehören wirklich zur aktuellen Situation, welche stammen aus früheren Zeiten? Das unterscheiden zu lernen ist ein Prozess und bedarf der Übung. Allerdings lohnt sich die Mühe: Werden Zeitreise-Gefühle als solche identifiziert, kann dies so manche Konfliktsituationen in ein ganz neues Licht rücken und sie deutlich entschärfen. Nicht selten stellt man dann fest, dass Vorwürfe unberechtigt waren und das eigene Gefühl auf alte Erlebnisse reagiert hat.

Dies betrifft alle am Konflikt Beteiligten: Auch beim Gegenüber kann es zu Übertragungen aus der Vergangenheit kommen, was im Hier und Jetzt starke emotionale Reaktionen auslöst, die aber nichts mit der realen Situation und dem Verhalten der anwesenden Personen zu tun haben. Entstehen im Gespräch derartige Irritationen, ist also Vorsicht geboten vor vorschnellen Interpretationen. Hilfreicher ist es zumeist, die Irritation anzusprechen. Manchmal mag eine derartige Klärung nicht möglich sein. Aber allein das Wissen um Zeitreise-Gefühle kann helfen, heftige oder nicht nachvollziehbare Reaktionen unseres Gegenübers nicht persönlich zu nehmen und aus einem eskalierenden Reaktionsmuster von Kränkung, Vorwurf und Gegenvorwurf auszusteigen.

Die eigene Konfliktfähigkeit stärken

Gibt es konflikthafte Themen, die Sie sich nicht anzusprechen trauen? Schreiben Sie ein paar Situationen auf, die Ihnen dazu einfallen. Wählen Sie eine davon aus. Stellen Sie sich beispielsweise die letzte Begegnung vor, in der Sie wieder einmal nicht gesagt haben, was Ihnen wirklich auf dem Herzen liegt. Bereiten Sie das Gespräch, das Sie eigentlich mit der betreffenden Person dazu führen möchten, mit folgenden Fragen vor und notieren Sie sich Ihre Gedanken:

Was möchten Sie Ihrem Gegenüber gerne sagen?

Was ist das Schlimmste, das passieren kann, wenn Sie Ihre Kritik aussprechen?

Was ist Ihr tiefer liegendes Bedürfnis in dieser Beziehung?

Was wünschen Sie sich vom anderen?

Was können Sie selbst dazu beitragen, dass die Beziehung gestärkt wird?

Formulieren Sie nun Ihre Kritik, die Sie dem anderen in einem Gespräch sagen möchten, und schreiben Sie sie auf. Achten Sie darauf, dass Sie dabei nur das Verhalten des anderen benennen (»Mich stört, dass du … machst«) und nicht die Person kritisieren (»Du bist so …«).

Formulieren Sie einen Wunsch, den Sie an Ihr Gegenüber haben.

Bitten Sie Ihr Gegenüber nun zu einem Gespräch und kündigen Sie das Thema an, worüber Sie mit ihm sprechen möchten. Dies erlaubt ihm, sich ebenfalls vorzubereiten. Sprechen Sie mit ihm über Ihren Wunsch an die Beziehung und Ihre Bedürfnisse. Sprechen Sie Ihre Kritik aus.

Fragen Sie Ihr Gegenüber, wie es selbst die kritisierte Situation empfindet. Hören Sie seine Perspektive. Welche Wünsche hat der andere an die Beziehung?
Suchen Sie gemeinsam nach praktischen Lösungen, die beide Sichtweisen und ihre vielleicht unterschiedlichen Bedürfnisse berücksichtigen.

Die Frage »Was ist das Schlimmste, das passieren kann?« ist eine nach dem emotionalen Risiko. Diese kann helfen, den eigenen Ängsten auf den Grund zu gehen und sich diesen zu stellen. Wird das mögliche Risiko aktiv erforscht, erkennen wir nicht selten, dass unsere unbewussten Ängste weitaus größer sind als die reale Gefahr, jemanden durch eine Konfrontation und Aussprache zu verlieren. Andererseits kann aber auch die Erkenntnis reifen, dass der Preis für das Schweigen zu hoch und eine Aussprache und Klärung geradezu unumgänglich ist, auch wenn man damit den Verlust einer Beziehung riskiert.

Anliegen und Wünsche klar äußern

Wie viele Irritationen, Missverständnisse, Enttäuschungen und Konflikte mögen wohl daraus entstehen, dass wir unsere geheimen Wünsche, unsere Bedürfnisse und Anliegen nicht eindeutig und offen äußern, sondern sie versteckt, quasi durch die Hintertür, zu vermitteln versuchen? Oder sie in allgemeine Appelle verpacken, als unausweichliche Option oder als Wunsch des anderen darstellen, als harmlose Fragen tarnen oder sie mit moralischem Druck verknüpfen, um sie durchzusetzen: »Jemand müsste mal …!«, »Willst du nicht auch …?«, »Am besten …«, »Da kann man nur …« oder »Wenn du mich liebst, dann …«. Das mag damit zu tun haben, dass wir unsere Bedürfnisse manchmal nicht wirklich kennen oder uns nicht trauen, sie offen auszusprechen. Unser Gegenüber könnte sie als ungehörig empfinden oder sie uns abschlagen, also wählen wir andere, verborgene Wege, um zu unserem Ziel zu gelangen. Diese verdeckten Botschaften sind für andere jedoch schwer zu durchschauen. Sie spüren einerseits Erwartungen, können sie andererseits aber nicht richtig greifen, da sie nicht konkret ausgesprochen werden. Und so bleiben Wünsche und Erwartungen oft unklar und unerfüllt. Diese versteckte Kommunikation ist für alle Beteiligten frustrierend und unbefriedigend. Wenn in einer Beziehung dieses Kommunikationsmuster vorherrschend ist, wird sie häufig von beiden Seiten als schwer und kompliziert empfunden.

Dagegen erleichtert eine klare und direkte Ansprache das Miteinander und bietet den Raum für eine wertschätzende Beziehung auf Augenhöhe. Dafür ist es notwendig, sich über die eigenen Wünsche und Anliegen klar zu werden und damit die eigenen Bedürfnisse zu kennen: Was genau wünsche ich mir jetzt gerade vom anderen? Möchte ich ihn wirklich fragen, ob er ins chinesische Restaurant möchte? Oder möchte nicht vielmehr ich selbst dorthin gehen und ihn bitten, mich zu begleiten und mir Gesellschaft zu leisten? Möchte ich wirklich einen Ratschlag oder brauche ich nur jemanden, der mir zuhört und mich versteht? Benötige ich praktische Hilfe, und falls ja, was genau? Je eindeutiger ich selbst mein Anliegen formuliere, desto klarer kann mein Gegenüber darauf reagieren. Diese Art der Kommunikation muss man üben, indem man die eigenen Wünsche bewusster wahrnimmt und dann eindeutig formuliert. Wenn man dann ein paarmal gute Erfahrungen damit gemacht hat, fühlt man sich häufig sehr befreit, nichts mehr verstecken zu müssen.

Wünsche klar zu äußern, erfordert zugleich die Bereitschaft und die Fähigkeit, ein Nein zu akzeptieren. Das bedeutet beispielsweise, die Antwort »Nein, ich möchte gerade nicht ins Café gehen« als genau das zu hören, was es ist: ein Nein auf eine gestellte Frage. Wer dieses Nein jedoch fälschlicherweise als Ablehnung der eigenen Person interpretiert, wird sich in seinem Selbstwert gekränkt fühlen. Klare Kommunikation bedeutet, zurückhaltend zu sein mit eigenen Interpretationen des Gesagten, das Gegenüber in seinen Aussagen ernst zu nehmen und auch, dem anderen Menschen andersartige Bedürfnisse zuzugestehen. Wenn der Partner oder die Partnerin nicht denselben Filmgeschmack oder gerade keinen Hunger hat, dann ist das kein Zeichen mangelnder Liebe, sondern ein Zeichen individueller Unterschiedlichkeit.

Auf wertschätzende Beziehungen achten

Weiter oben habe ich geschrieben, dass unsere Beziehungen leichter und entspannter werden können, wenn wir mit uns selbst und unserem Gegenüber etwas nachsichtiger werden, sollte ein Gespräch einmal nicht freundlich und wohlwollend verlaufen. Wir bewerten Situationen unterschiedlich und reagieren manchmal impulsiv, woraus Missverständnisse und Missstimmung entstehen können. Mit etwas Ruhe und Gelassenheit lässt sich das meist klären. Dies gelingt am ehesten, wenn eine Beziehung grundlegend gefestigt ist und auf gegenseitiger Wertschätzung beruht.

Anders verhält es sich, wenn in einer Beziehung Wertschätzung und gegenseitiger Respekt fehlen und sich destruktive und gewaltvolle Rollenmuster verfestigt haben. Wenn eine Person zum Beispiel ihr Gegenüber regelmäßig herabsetzt, abwertet, verächtlich macht oder beleidigt. Damit versucht sie, den Selbstwert des anderen zu treffen und zugleich sich selbst zu erhöhen. Diese Art von Beziehungen nennt man toxische, also vergiftete Beziehungen. Sie können die Seele massiv beschädigen. Eine Veränderung derartiger Beziehungen ist sehr schwer und vermutlich nur dann möglich, wenn beide Beteiligten das Destruktive darin erkennen und bereit sind, zur Veränderung beizutragen. Derartige Beziehungsmuster sind sehr schwer zu durchbrechen und eine Veränderung erfordert Beharrlichkeit und Klarheit. Ist die Bereitschaft oder die Fähigkeit zur Veränderung beim Gegenüber nicht vorhanden, rückt der Selbstschutz in den Vordergrund. In einem solchen Fall kann die Folge sein, dass ein Kontakt extrem begrenzt oder ganz abgebrochen wird. Ist dies aufgrund der Umstände, beispielsweise familiärer Beziehungen, nicht möglich, sollte der Kontakt bewusst auf ein notwendiges Minimum reduziert werden, und es sollten zugleich klare Rahmenbedingungen und Regeln für die gemeinsame Kommunikation aufgestellt werden. Eine derartige Abgrenzung oder Ablösung aus toxischen Beziehungen kann emotional sehr schmerzhaft sein und mit sehr widerstreitenden Gefühlen einhergehen. Es ist daher ratsam, sich professionelle Begleitung für diesen Prozess zu holen.

Bei der Wahl unserer Beziehungen sollten wir sehr sorgsam sein und darauf achten, dass die Menschen, mit denen wir uns umgeben, uns guttun und unsere Beziehungen von gegenseitiger Wertschätzung getragen sind. Kraftvolle und erfüllende Beziehungen können dort entstehen, wo wir uns wohlwollend begegnen und bereit sind, uns für die gemeinsame Beziehung zu engagieren; wo wir das Positive im anderen sehen und uns gegenseitig etwas zutrauen; wo wir wechselseitig bereit sind, zu geben wie auch zu nehmen, stark zu sein, aber auch Schwäche zu zeigen und Hilfe anzunehmen, in wechselnder Rollenverteilung.

Kommt es in einer Beziehung zu Unzufriedenheiten, sollten diese angesprochen und geklärt werden. Das ist wichtig, weil sich einzelne schwierige Situationen, wenn sie nicht geklärt werden, im Gefühl der Beteiligten ansammeln und sich schleichend zu einer grundlegenden Missstimmung verhärten, die sich irgendwann nicht mehr überwinden lässt. Unzufriedenheit anzusprechen erfordert einen gewissen Mut, eröffnet jedoch die Chance auf Veränderung und darauf, gemeinsam nach befriedigenden Lösungen zu suchen: Was sind die unterschiedlichen Bedürfnisse und die damit verbundenen Wünsche an das Gegenüber?

Es ist hilfreich, auch sich selbst zu fragen, was wir zum Gelingen von Beziehungen und einem wertschätzenden Miteinander beitragen können. Indem wir uns darum bemühen, die anderen und deren Sichtweisen besser zu verstehen und unsere eigenen Anteile an konflikthaften Situationen zu erkennen, stärken wir unsere Fähigkeit, anderen Wertschätzung entgegenzubringen.

Wertschätzende Beziehungen gestalten

Wie wertschätzend, anerkennend und liebevoll sind Sie selbst im Kontakt mit anderen Menschen? Was tragen Sie selbst dazu bei, dass Ihre Beziehungen sich lebendig weiterentwickeln?

Gibt es in Ihrem Umfeld jemanden, über den Sie öfter abschätzig denken? Erinnern Sie sich an Situationen, in denen Sie dieser Person gegenüber ungehalten waren und abwertende Gedanken hegten: Welche Verhaltensweisen haben bei Ihnen unangenehme Gedanken ausgelöst?

Richten Sie den Blick auf sich selbst: *Was genau* an dem Verhalten ist es, das Ihre Abwehr angesprochen hat? Wie wurde diese Art von Verhalten in Ihrer Herkunftsfamilie bewertet? Welche Sätze kennen Sie diesbezüglich aus Ihrer Kindheit?
Versuchen Sie nun, die Perspektive des anderen einzunehmen: Was könnte für ihn der Sinn seines Verhaltens sein? Welche hilfreichen Aspekte liegen in diesem Verhalten? Was könnten Sie selbst daraus lernen?

Balance im Kontakt mit sich selbst und anderen finden

Ob wir unser Leben als erfüllend und lebenswert empfinden, steht in enger Verbindung damit, wie gut uns unsere Beziehungen zu anderen Menschen gelingen. Dazu beitragen kann eine Balance zwischen innen und außen: Sind wir im Kontakt mit unserem eigenen Inneren, unseren Bedürfnissen, Wünschen und auch Eigenheiten, können wir diese im Kontakt mit anderen Menschen sichtbar machen und leben. Wir nehmen unsere Grenzen wahr, äußern sie und schützen sie wirksam. Zugleich sind wir in der Lage, auch die Grenzen anderer zu respektieren. Wenn wir unseren Selbstwert unabhängig vom Verhalten anderer erkennen, sind wir weniger leicht zu kränken. Eine gute Eigenwahrnehmung wiederum hilft dabei, sich aktiv auf andere Menschen einzulassen. In der Resonanz mit anderen spüren wir uns selbst, wir werden gespiegelt und erhalten wichtiges Feedback. Eine Balance von Innen- und Außenkontakt bildet eine gute Basis, um das persönliche Potenzial auszuschöpfen und sich selbst in der ganzen Vielfalt wahrzunehmen und weiterzuentwickeln. Dabei gibt es keine allgemeingültige Richtschnur, wie diese Balance aussehen sollte, dazu sind wir Menschen viel zu unterschiedlich in unseren Persönlichkeiten. Manche sind generell eher introvertiert und ruhig, während andere aktiv Außenkontakt suchen und extrovertiert leben. Vielmehr geht es darum, die eigene, ganz persönliche Balance zu finden, die eine gute Selbstwahrnehmung einerseits und erfüllende Beziehungen andererseits erlaubt.

Je besser wir uns selbst kennen, desto leichter fallen uns die alltäglichen Aushandlungsprozesse in unseren Beziehungen, weil unsere Kommunikation offener und klarer wird. So gelingt es uns immer besser, die Befriedigung von Wünschen und Bedürfnissen im Austausch mit anderen partnerschaftlich und auf Augenhöhe auszuhandeln. Wer selbst-bewusst ist, ist nicht nur in der Lage, die eigenen Wünsche deutlich zu äußern und zu vertreten, sondern auch, die Wünsche und die Andersartigkeit der anderen zu sehen und zu respektieren. Wir können eine Kompromissfähigkeit entwickeln, die uns im Fall von unterschiedlichen Bedürfnissen erlaubt, gemeinsam Lösungen zu finden und auch mal nachzugeben zugunsten der anderen. Als selbstbewusste Entscheidung sind das Nachgeben und Entgegenkommen ein Zeichen von Wertschätzung und Zuneigung zum Gegenüber. Es ist ein Geschenk an den anderen – und zugleich an sich selbst, denn es stellt emotionale Nähe zum Gegenüber her.

Mithilfe der Energie unseres Herzens verbinden wir uns mit uns selbst und mit anderen Menschen. Sie stärkt unser Vertrauen in das Leben, in uns und in andere, aus ihm heraus finden und geben wir Geborgenheit. Unsere Herzenergie hilft uns dabei, die Balance zwischen dem Ich und dem Du zu halten und selbstbewusst kraftvolle Beziehungen einzugehen, die unser Leben bereichern.

Das Leben vereinfachen

Unsere Welt ist sehr komplex geworden. Das Reich der Waren ist scheinbar grenzenlos und nicht selten global verfügbar. Die Produkte selbst werden immer komplexer und leistungsfähiger. Durch die Globalisierung sind gesellschaftliche, politische, wirtschaftliche, soziale, gesundheitliche und ökologische Belange weltweit miteinander verflochten und stehen in vielfältigen Abhängigkeiten voneinander. Zugleich haben sich die Nachrichten- und Kommunikationskanäle vervielfacht und extrem ausdifferenziert, sodass diese Zusammenhänge auf unser alltägliches Leben und unser Bewusstsein einwirken.

All diese Entwicklungen haben viele gute Seiten. Sie ermöglichen eine große Auswahl an Konsumangeboten, technologischen Entwicklungen und (auch weltweiten) Kommunikations- und Kontaktmöglichkeiten, die aus unserem Alltag nicht mehr wegzudenken sind. Gleichzeitig bedeuten diese umfassende Angebots- und Komplexitätssteigerung und der ununterbrochene Informationsfluss eine große Herausforderung für unser menschliches System, für unsere Sinne, unser Gehirn und unsere Psyche. Die Komplexität macht es erforderlich, sich eingehend mit den Gegenständen, Themen und Zusammenhängen zu beschäftigen, um sie, wenn auch nur annähernd, verstehen zu können, gleichzeitig verhindert der unablässige Informationsfluss oftmals genau das. Es fehlt uns im geschäftigen Alltag häufig die Zeit, uns in Ruhe auf etwas einzulassen. Ständig prasseln neue Konsum-, Kontakt- und Informationsangebote auf uns ein, die verarbeitet werden wollen, und wir selbst tragen unseren Teil zu dieser Informationsflut bei.

Wie können wir in dieser verdichteten, für das menschliche Bewusstsein hochanspruchsvollen Welt ein Leben führen, das uns erlaubt, die Vorteile dieser Entwicklungen zu genießen, ohne uns selbst permanent zu überfordern? Wie können wir gut für uns sorgen?

Ein Weg, damit umzugehen, sehe ich in einer bewussten und aktiven Vereinfachung von Lebenssituationen überall dort, wo es uns möglich erscheint. Allerdings sind wir bereits so daran gewöhnt, dass die heutige Lebensrealität komplex und häufig auch kompliziert ist, dass wir oftmals gar nicht mehr bemerken, wie viel Einfluss wir selbst auf die Dynamik in unserem Leben haben. Dabei gibt es viele Ansatzpunkte, um das eigene Leben zu vereinfachen.

So komplex wie nötig, so einfach wie möglich

Beginnen wir auf einer alltagspraktischen Ebene, denn hier ist das Potenzial für Vereinfachung am sichtbarsten. Ausdifferenzierte und hochspezialisierte Produkte verführen heute mithilfe von werbewirksamen Slogans und scheinbar günstigen Angeboten allzu leicht dazu, sich mehrere Ausfertigungen derselben zu kaufen. So wecken sie im Vorübergehen Bedürfnisse, die vorher gar nicht vorhanden waren. Dadurch quellen in vielen Haushalten die Schränke über. Für viele wird ihr Besitz zur Belastung, weil sie den Überblick verlieren und ständig etwas zur Seite räumen oder suchen müssen. Wer sein Leben vereinfachen möchte, hat hier viele Möglichkeiten. Schon beim Einkauf können die Weichen für mehr Leichtigkeit im Haushalt gestellt werden, indem auf spezialisierte Produkte verzichtet wird und stattdessen ein paar wenige, qualitativ hochwertige Geräte angeschafft werden, die vielseitig verwendbar sind. Dies mag im Alltag gelegentlich zu Situationen führen, in denen etwas improvisiert werden muss. Es ermöglicht aber auch, sich von vielen ungenutzten Gegenständen und materiellem Ballast zu trennen und neue Freiräume zu schaffen.

Beim Kauf von elektrischen Geräten kann bereits vor dem Kauf in Ruhe überlegt werden, welche Funktionen gebraucht werden. Elektronik macht es möglich, moderne Geräte mit unendlich vielen Zusatzfunktionen auszustatten. Manchmal sind diese wirklich eine Erleichterung und ergeben Sinn, manchmal verkomplizieren sie aber auch gewohnte Abläufe, ohne einen weiteren Nutzen zu haben.

Im Haushalt kann die Leitlinie »so komplex wie nötig, so einfach wie möglich« sehr wirksam dabei helfen, Raum zurückzugewinnen und Freiräume zu erhalten.

Entscheidungen vereinfachen

In unserem alltäglichen Zusammenleben gibt es weitere Ansatzpunkte, uns selbst das Leben etwas einfacher zu machen, indem wir uns innere Freiräume schaffen. Kennen Sie das Kopfkarussell, das immer dann einsetzt, wenn Sie gedanklich zwischen mehreren Alternativen stecken bleiben und nicht so richtig zu einer Entscheidung finden? »Wenn ..., dann ..., aber ..., vielleicht ..., es könnte aber auch ..., wenn jedoch ..., vielleicht müsste man ...« usw. Sie versuchen, alle Möglichkeiten und Eventualitäten zu bedenken und alle Erwartungen zu erfüllen, aber immer gibt es einen Haken oder jemanden, der bei einer angedachten Lösung zu kurz kommen oder sich möglicherweise gekränkt fühlen würde. Sie kennen das nicht? Dann können Sie dieses Kapitel einfach überspringen. Dann gehören Sie vermutlich zu den Menschen, die sich üblicherweise mit Entscheidungen leichttun. Sie verschaffen sich einen Überblick über eine Situation, wägen ab und entscheiden sich dann klar und entschlossen. Sollte sich Ihre Entscheidung später als ungünstig herausstellen, stehen Sie zu Ihrer Wahl und übernehmen die Verantwortung. Damit zu hadern oder etwas zu bereuen, ist nicht Ihre Sache, Sie nehmen das Leben, wie es kommt, und wenden sich den nächsten Herausforderungen und Entscheidungen zu.

Vielen Menschen fällt es jedoch schwer, Entscheidungen zu treffen. Wir verstricken uns im Für und Wider verschiedenster Varianten und deren vermuteter Auswirkungen wie bei einem verknoteten Wollknäuel. Wir versuchen, nur ja keine Möglichkeit zu übersehen, sämtliche Konsequenzen und auch die Befindlichkeiten anderer zu überschauen, selbst wenn sich diese häufig gar nicht vorhersehen, sondern nur vermuten lassen. Schließlich wählen wir die komplizierteste Variante – weil wir es allen recht machen und niemanden verletzen wollen; weil wir uns (übermäßig?) verantwortlich fühlen; weil wir Angst haben, etwas zu verpassen; weil wir unangenehme Konsequenzen fürchten. Kritische Rückfragen und Konflikte beispielsweise wollen wir um jeden Preis vermeiden. Wenn wir in manchen Situationen in Ruhe darüber nachdenken würden und ehrlich zu uns wären, würden wir vielleicht lieber die einfache, energiesparende Lösung wählen, aber wir erlauben es uns nicht, und vielleicht trauen wir uns einfach nicht.

Um aus dem Kopfkarussell herauszukommen, kann es helfen, sich die Gründe bewusst zu machen, die uns eine Entscheidung derart erschweren: Sind womöglich wieder meine alten Glaubenssätze am Werk? Versuche ich in dieser Situation im Jetzt die früheren Erwartungen meiner Eltern zu erfüllen? Versuche ich gerade, »gut«, »immer hilfsbereit«, »der Retter« oder »die Erlöserin« zu sein, und vergesse darüber meine eigenen Bedürfnisse? Habe ich gelernt, dass ich es nicht wert bin, und erlaube mir deshalb keine einfache Lösung? Oder ist es so, dass ich jemanden zu schonen versuche: die Freundin, den Kollegen, die Lebenspartnerin – oder eben mich selbst, weil ich einen Konflikt scheue? Welches Gefühl oder welche Konsequenzen versuche ich zu vermeiden, indem ich die komplizierte Variante in Betracht ziehe, anstatt spontan die einfachere zu wählen?

Eine weitere Motivation, den schwierigeren Weg zu wählen, könnte auch Perfektionismus sein: Unser perfektionistisches Ich möchte etwas besonders gut machen und lässt nicht locker, obwohl es auch einfacher ginge. Indem wir unsere alten Glaubenssätze, unsere unbewusste Motivation für die eigene Unentschlossenheit erkennen, können wir allmählich lernen, sie loszulassen und uns bewusst von ihnen zu verabschieden, um in die Gegenwart zu kommen: Was brauche ich im Jetzt? Was tut mir heute gut? Das ist ein Lernprozess, der etwas Übung erfordert.

Der Ratgeber »Simplify your life« von Werner Tiki Küstenmacher und Lothar J. Seiwert[33] ist noch immer ein Bestseller. In unserer überkomplexen Welt trifft das Buch ganz offensichtlich einen Nerv: die große Sehnsucht nach Einfachheit. Für mich persönlich ist der Begriff »simplify« zu einem Schlüsselwort geworden. Immer, wenn ich bemerke, dass mein Kopfkarussell wieder einsetzt, rufe ich mir das »simplify« aktiv in Erinnerung. Es ist mein Stoppsignal, das mich innehalten lässt. Das erlaubt mir, mich in Ruhe mit meinen Bedürfnissen im Jetzt und mit den Konsequenzen meiner möglichen Entscheidung auseinanderzusetzen. Und es gibt mir die Zeit, mich bewusst zu entscheiden und zu mir und meinen Bedürfnissen zu stehen. Manchmal fällt mir dann eine Lösung ein, die vielleicht etwas Geld kostet, z. B. mir ein Taxi zu bestellen, anstatt spätnachts bei Kälte auf den Schienenersatzverkehr zu warten, oder mir ein passendes, funktionsfähiges Werkzeug zu kaufen, das mir eine Aufgabe erleichtert. Das »simplify« hat mir geholfen, manchmal etwas großzügiger mit mir selbst zu sein und mir das Leben zu erleichtern. Und dann gibt es Situationen, in denen ich merke, dass mein eigenes »simplify« auch Mut verlangt, zum Beispiel, wenn es bedeutet, dass ich gegenüber jemand anderem Nein sagen muss. Allerdings habe ich die Erfahrung gemacht, dass andere das meist nachvollziehen und akzeptieren können, wenn ich meine Bedürfnisse und mein Nein klar kommuniziere.

Entscheidungen vereinfachen

Wenn das Kopfkarussell sich zu drehen beginnt, drücken Sie die innere »Stopp-Taste«, halten Sie kurz inne und gehen Sie in einen inneren Dialog mit sich:

»Welche verschiedenen Handlungsalternativen habe ich?«

Schreiben Sie die verschiedenen Möglichkeiten auf ein Blatt Papier. Markieren Sie die Variante, die Sie in Ihrem tiefsten Inneren bevorzugen.

»Was hindert mich daran, diese zu wählen?«

Notieren Sie alle positiven und alle befürchteten unangenehmen Konsequenzen Ihrer bevorzugten Variante. Was versuchen Sie zu beweisen oder zu vermeiden, indem Sie über kompliziertere Alternativen nachdenken?

Betrachten Sie nun Ihre bevorzugte Variante und fragen Sie sich dann weiter:

»Was kann ich tun, damit diese Variante Wirklichkeit wird und sich richtig anfühlt?«

Überlegen Sie in Ruhe, welche Schritte Sie konkret tun können, um Ihre bevorzugte Variante umzusetzen. Wer oder was könnte Ihnen dabei helfen? Wie können Sie Ihre bevorzugte Variante so kommunizieren, dass sie von anderen verstanden und akzeptiert werden kann?

Je mehr wir in vielen Alltagssituationen erfahren, wie befreiend es sein kann, das eigene Leben zu vereinfachen und wie viel Leichtigkeit dadurch freigesetzt wird, desto wahrscheinlicher ist es, dass Entscheidungen immer häufiger zugunsten der Einfachheit fallen, was sich im gesamten Lebensstil bemerkbar macht. Einfachheit wird uns dann zur Gewohnheit, und zugleich wird sie dazu führen, dass wir unsere alltäglichen Gewohnheiten verändern. Sie entwickelt sich mehr und mehr zu einer inneren Haltung, die uns guttut und in der wir uns wohlfühlen. Einfachheit als Lebenshaltung kann uns helfen, uns nicht in der Wachstums- und Konsumlogik unserer Gesellschaft zu verlieren. Sie ist ein Schlüssel zu einem Leben im Sein, wie Erich Fromm es beschrieben hat. Sie gibt uns Orientierung, den Kontakt zu uns selbst zu bewahren, und sie schützt uns vor Reizüberflutung, mentaler Überforderung, Stress und anderen belastenden Folgen der kapitalistischen Konsumgesellschaft.

Weniger ist mehr – das trifft auf so viele Situationen und Lebensbereiche zu. Ein Weniger an billigen Konsumgütern ermöglicht finanziellen Spielraum für wenige qualitativ hochwertige und langlebige Produkte, die einem zumeist mehr Freude bereiten. Ein Weniger an schnellem, oberflächlichem Konsum verhilft zu mehr Zeit und Energie, um uns intensiver mit den jeweiligen Gegenständen zu beschäftigen – Zeit, um das Einzelne zu genießen und in seinen vielfältigen Facetten und Funktionen auszukosten. Ein Weniger an Quantität eröffnet uns den inneren Raum, nicht nur mit den Dingen, sondern auch mit anderen Menschen und vor allem mit uns selbst in gutem Kontakt zu sein. Anstatt sich in einem Übermaß an Außenreizen zu verlieren, hilft uns die Idee der Einfachheit, unseren Blick nach innen auf unsere tiefer liegenden Bedürfnisse, unsere Vorlieben, unsere Fähigkeiten sowie auf unsere Kreativität und Schaffenskraft zu richten. Einfachheit ist ein Weg zu unserem wahren Selbst, das entdeckt und gelebt werden will.

Einfachheit bedeutet aber nicht nur, materiellen Konsum zu begrenzen und Überfluss zu vermeiden, sondern sie ist eine ganzheitliche Lebenskunst, die sich auf alle Bereiche unseres Daseins bezieht und die unsere Kreativität und Gestaltungskraft in alltäglichen Zusammenhängen zum Ausdruck bringt. Eine Kunst, die jeder Mensch zu jeder Zeit ausüben kann, indem er beispielsweise alltägliche Verrichtungen mit Muße und Hingabe erledigt und dabei eigene Fähigkeiten kreativ einsetzt, anstatt die Aufgaben zu delegieren oder für die Erledigung zu bezahlen. Wer eine Mahlzeit selbst zubereitet, anstatt ein Fertiggericht aufzuwärmen, weiß diese meist mehr zu würdigen und zu genießen. Wer die Naht an einer Bluse oder einem Hemd einmal selbst mit ein paar Stichen geflickt hat, weiß, dass der ideelle Wert dieses Kleidungsstücks mit der eigenen Handlung steigt. Wer Erdbeeren frisch vom Feld pflückt, erlebt, wie süß und intensiv sie schmecken können. Wer Alltagsgegenstände repariert, anstatt sie wegzuwerfen, trägt zur Ressourcenschonung bei und erlebt zugleich sein Handeln als sinnvoll.

Einfachheit als ganzheitliches Lebenskonzept umzusetzen bedeutet nicht, immer den einfachsten im Sinn von leichtestem Weg zu wählen. Manchmal ist Einfachheit, wie die oben genannten Beispiele zeigen, mit einem Mehraufwand an Zeit und Aktivität verbunden. Zugleich erlaubt sie eine andere Qualität: Ein in Ruhe geschriebener Brief ermöglicht, Beziehung auf eine andere Art herzustellen als eine schnell getippte WhatsApp-Nachricht oder ein Instagramm-Post. Während eine unreflektierte Steigerung von Konsum einer oberflächlichen Lebensweise eher Vorschub leistet und zu einer Entfremdung von sich selbst führt, fördert Einfachheit als Lebenskunst eine tiefere Auseinandersetzung mit sich und ein tieferes Verständnis für das Leben.

Satish Kumar, ein Friedens- und Umweltaktivist und früherer Mönch, beschreibt in seinem Buch »Elegant simplicity« das einfache Leben so: »Die Bedeutung eleganter Einfachheit geht tief und hat nichts mit harter Strenge, Knappheit, Entbehrung oder Selbstverleugnung zu tun. Es mag paradox erscheinen, aber die Gabe der Einfachheit ist die Gabe des Überflusses. Wenn wir wissen, dass genug genug ist, dann haben wir mehr als genug. Einfachheit bietet Angemessenheit statt Verschwendung, Behaglichkeit statt Bequemlichkeit, Zufriedenheit statt unstillbarem Verlangen, Versöhnung statt Groll.«[34] Einfachheit als Lebenshaltung führt zu einer großen inneren Freiheit. Sie unterstützt uns dabei, den Dingen nicht allzu sehr anzuhaften oder sich von ihnen abhängig zu machen. Und sie hilft, sich dem Sog des immer Mehr, der Gier und der Konkurrenz zu entziehen. Einfachheit geht einher mit einem wachsenden Vertrauen in das Leben und macht es möglich, Ängste zu überwinden – die Angst vor dem Morgen, die Angst, zu kurz zu kommen, oder die Angst, benachteiligt zu werden.

Dabei gilt es immer wieder, eine Balance zu finden zwischen Einfachheit, die manchmal mit mehr Aufwand verbunden ist, und anderen Wegen, die leichter und bequemer sind, aber womöglich mehr Oberflächlichkeit bedeuten. Manchmal ist, wie im vorigen Kapitel ausführlich beschrieben, der leichtere Weg der passendere, weil er uns in der Situation deutlich entlastet.

Wie kann Einfachheit als Lebenskunst heute gelebt werden? Ein »Zurück zur Natur« ist für die meisten Menschen eher unrealistisch. Unsere Gesellschaft stellt konkrete Bedingungen, die wir nicht ohne Weiteres ändern können – und vielleicht auch gar nicht wollen. Wir genießen ja die Vielseitigkeit unseres Lebens. Schlussendlich geht es darum, die Widersprüche, die aus den gesellschaftlichen Rahmenbedingungen einerseits und dem eigenen Lebenskonzept andererseits entstehen, auszuhalten und immer wieder nach konkreten alltagstauglichen Lösungen zu suchen, die der jeweiligen Situation angemessen sind.

Einfachheit als Lebenskunst

Betrachten Sie verschiedene Bereiche und Alltagssituationen Ihres Lebens: Was könnte Einfachheit als Lebenskunst für Sie bedeuten? Wo fühlen Sie sich überfordert von der Dynamik des immer Mehr und immer Schneller? Wo wünschen Sie sich stattdessen mehr Tiefe, Zeit und Ruhe für Ihr Leben?

Wählen Sie einen Bereich aus, dem Sie nun Ihre Aufmerksamkeit widmen. Schreiben Sie Ihre Gedanken auf, damit Sie später auf Ihre Ideen zurückgreifen können:

Welchen Gewinn hat Ihre bisherige Lebensweise für Sie mit sich gebracht?

Was sind Ihre Wünsche, die Sie mit einer Veränderung Ihres Verhaltens erreichen wollen?

Was genau können Sie tun, um Ihre Aktivitäten Ihrer Lebensenergie anzupassen? Welche sind unverzichtbar? Welche Aktivitäten oder Aufgaben können Sie reduzieren?
Mit wem müssten Sie neue Vereinbarungen treffen, um aus der Beschleunigungsdynamik Ihres Lebens auszusteigen?

Die Entscheidung zur Einfachheit verändert das Leben, indem das eigene Verhalten verändert wird. Dabei ist auch Kreativität gefragt, um stimmige Lösungen zu finden, jenseits des Gewohnten, und eine gute Kommunikation, denn die eigene Veränderung wird immer auch eine Umstellung für diejenigen bedeuten, mit denen wir unser Leben teilen.

Der Intuition vertrauen

Einfachheit zu leben geht damit einher, sich mit sich selbst, den eigenen Bedürfnissen und dem eigenen Wesen auseinanderzusetzen. Indem wir unseren Blick nach innen richten und unseren Verstand zur Ruhe kommen lassen, können wir eine ganz besondere Fähigkeit entwickeln, die dem Menschen eigen ist: Intuition.

Der Begriff stammt vom lateinischen Wort *intueri* für »ansehen, betrachten«. Er wird unterschiedlich verwendet. So, wie ich Intuition verstehe und hier verwenden möchte, meint er ein tieferes Wissen in uns, das sich aus unseren gesammelten Erfahrungen speist. Es ist ein Wissen, das wir oftmals nicht in Worte fassen und erklären können, das uns aber manchmal plötzlich etwas verstehen und uns im richtigen Augenblick das Richtige tun lässt. Intuition ist neben dem Denken und dem Fühlen eine eigene Art der Wahrnehmung und der Verarbeitung von Erfahrungen. Sie ist schneller als unser bewusstes Denken, unmittelbarer und kommt aus unserem Innersten. Unsere Intuition hilft uns im Umgang mit Komplexität, die uns bei bewusstem Nachdenken womöglich überfordert. Manchmal ist sie ein Geistesblitz, eine spontane Eingebung, durch die sich eine Situation wie ein Puzzle zusammenfügt und plötzlich Sinn ergibt. Was gerade noch extrem komplex und unlösbar erschien, steht mit einem Mal einfach und klar vor unserem inneren Auge.

Intuition, wie ich sie verstehe, ist eine innere Stimme, die in jedem Moment zu uns spricht, manchmal leise, manchmal lauter. Wir können lernen, diese innere Stimme wahrzunehmen, ihr Raum zu geben und ihr zu vertrauen. Viele Menschen werden beispielsweise Momente kennen, in denen sie ein »Bauchgefühl« hatten oder haben. Dann gilt es innezuhalten und genau hinzuhören, was das Bauchgefühl uns sagen will. Es weist uns einen Zugang zu unserer Intuition, unserem tiefen Erfahrungswissen.

Beginnen wir, unser Bauchgefühl zu erspüren, wird nicht selten unser Kopf lauter im Versuch, den Bauch zu übertönen. Der Verstand beginnt zu rattern und liefert Gegenargumente, drängelt sich vor mit Analysen, Sorgen und Bedenken. Unser Verstand neigt dazu, das Leben zu verkomplizieren. Er tut alles, um den Bauch zum Schweigen zu bringen: »Ja, aber …!« In unserer aufgeklärten, wissensbasierten Welt haben wir gelernt, dem Verstand eine hohe Bedeutung beizumessen, unser Handeln beständig zu erklären und uns in unserem sozialen Umfeld rückzuversichern. Demgegenüber folgt die Intuition einer ganz eigenen Logik, die durch unsere Persönlichkeit und unsere persönlichen Erfahrungen geprägt ist und sich nie vollständig mit Worten erklären lässt. Intuition basiert auf einem zutiefst persönlichen Erleben. Ihr nachzugehen, erfordert deshalb oftmals einigen Mut.

Wer beispielsweise zu der inneren Überzeugung gelangt ist, dass an einer unbefriedigenden Arbeitssituation nichts mehr zu ändern ist, und deshalb seinen Job kündigen möchte, ohne eine neue Arbeitsstelle zu haben, wird vermutlich mit viel Gegenwehr rechnen müssen. Der eigene Verstand wie auch Menschen im Umfeld werden ihm vorhalten, leichtsinnig zu sein, und die Angst vor Arbeitslosigkeit, finanziellem Verlust und Ansehensverlust schüren. Dann ist es nicht leicht, der eigenen Überzeugung zu folgen, da die Entscheidung tatsächlich mit Ungewissheit und einem gewissen Risiko verbunden ist. Der eigenen Intuition zu vertrauen erfordert deshalb auch, mit Unsicherheit umgehen zu lernen und auf die eigenen Kräfte zu setzen. Unsere Intuition hilft uns so, die ausgetretenen Pfade des eigenen Lebens zu verlassen und etwas Neues zu wagen. Wer diesen Schritt einmal getan hat, erinnert sich vielleicht an die

Erleichterung, die eintritt, wenn eine Entscheidung gefallen ist und alles Grübeln und Sich-Sorgen ein Ende hat.

Dieses Neue und das damit verbundene Risiko sind keine Laune, die sich im nächsten Moment wieder wandelt. Entscheidungen, die aus unserer Intuition heraus getroffen werden, sind vielmehr Richtungsentscheidungen, die aus unserem ganzen Wesen, aus unserer Geschichte entstehen. Unsere Intuitionen sind ein Weg zu unserem innersten Wesen und sie zeigen sich, wenn wir mit uns selbst im Einklang sind. Hören wir auf sie, erscheinen komplexe Situationen auf einmal klar und einfach – einfach im Sinn von eindeutig. Plötzlich wissen wir, was zu tun ist. Unsere Intuition gibt unserem Handeln eine Richtung und versieht sie mit kraftvoller Energie aus unserem Inneren, mit der wir Dinge bewegen können.

Ruhe und Aktivität gleichermaßen genießen

Unser Alltag ist von großer Geschäftigkeit erfüllt. Wir versuchen einerseits, die vielfältigen Anforderungen des Lebens bestmöglich zu erfüllen, andererseits möchten wir das Leben genießen und uns etwas gönnen, vielleicht auch als Ausgleich für unsere Pflichterfüllung und unseren täglichen Arbeitsstress. Der Terminplan ist voll, auch die eigentlich »freie« Zeit wird rundum verplant. Und so kann es geschehen, dass das Shoppen, der Besuch von Kulturveranstaltungen, die Treffen mit Freunden und Freundinnen und sogar der Saunabesuch schlussendlich das Stresserleben erhöhen, anstatt für Ausgleich zu sorgen. Im schlimmsten Fall stellt sich statt des erhofften Glücks ein Gefühl von Leere ein.

Wir brauchen Zeiten in unserem Alltag, in denen wir zur Ruhe kommen, ohne Ablenkung und Außenreize, damit Körper und Geist sich erholen können. Wir brauchen sie auch, um mit uns selbst in Kontakt zu kommen und zu erkennen, was uns wirklich guttut. Zeiten, in denen wir unsere Geschäftigkeit unterbrechen und unsere Aufmerksamkeit nach innen richten, um uns selbst gewahr zu werden: In der Ruhe können wir unsere Gefühle, unsere Bedürfnisse und Wünsche spüren, unsere Einstellungen und Wertvorstellungen wahrnehmen und unsere Vorlieben und Fähigkeiten ergründen. Diese Momente der Innenschau und der Selbsterkenntnis sind wertvoll. Sie helfen uns, auch unsere leisen inneren Stimmen zu hören und Entscheidungen zu treffen, die uns zufrieden machen. Aus diesen Momenten der Ruhe schöpfen wir frische Kraft und Energie. Sie sind ein Schatz, den wir selbst uns schenken können.

Einen eng getakteten Tagesablauf zu entschleunigen und regelmäßige Ruhe- und Erholungsphasen zu integrieren, ist jedoch gar nicht so leicht, denn das alltägliche Geschehen erscheint oft dringlich und unsere eingespielten Gewohnheiten sind sehr mächtig. Deshalb bedarf es der regelmäßigen Übung, um Gewohnheiten zu entwickeln, mit denen wir uns Zeit für uns selbst einräumen.

Regelmäßige Pausen im Alltag

Ein wichtiger Schritt zur Entschleunigung und kontinuierlichen Stressreduktion ist, im Alltag regelmäßig Pausen einzuplanen und diese ganz bewusst einzuhalten und auszukosten: eine Mittagspause, die diesen Namen verdient, eine Kaffeepause am Nachmittag, aber auch kurze Pausen zwischendurch, um innezuhalten und durchzuatmen. Was sich hier so einfach anhört, stellt sich in der Dichte des Alltags allerdings oft als schwierig heraus. Allzu bereitwillig überspringen wir die Pausen und essen stattdessen im Gehen einen Imbiss, während wir zum nächsten Termin eilen. Oder aber das Handy klingelt, und anstatt in Ruhe unser Essen zu genießen, besprechen wir nebenbei noch schnell ein Problem. So verschlingt die Arbeit unsere Pausen, da wir uns nicht erlauben, das Arbeitshandy während der Mittags- oder Kaffeepause auszuschalten.

Planen wir zu wenig Lücken in unseren Alltag ein, bleibt uns kein Raum für Spontanes und für Unvorhergesehenes. Eine verpasste Straßenbahn, ein Arbeitstermin, der länger dauert oder auch nur ein gerissener Schnürsenkel können dann übermäßigen Stress erzeugen. Wir brauchen unverplante Zeit, die uns ermöglicht, diese Störungen – auch die positiven »Störungen« wie beispielsweise ein Anruf der Freundin – in unseren Tag zu integrieren. Diese Lücken müssen wir einplanen und freihalten. Ausreichend Pufferzeiten für Fahrten zwischen Terminen helfen ebenfalls, den Tag zu entspannen.

Das Ende unseres Arbeitstags bietet sich ebenso für eine ganz bewusste Pause an, bevor wir in das gesellige Feierabendprogramm übergehen – eine Zeit, die nur uns selbst gehört. Wir können daraus ein Ritual machen: Das Arbeitshandy ausschalten, die Schuhe bewusst ausziehen und zur Seite stellen, einmal tief durchatmen, einen Tee kochen, uns in den Lieblingssessel setzen und Musik hören. Oder die Laufschuhe anziehen und eine Feierabendrunde drehen. Jeder Mensch hat seine ganz eigenen Wege, sich zu entspannen und abzuschalten. Den Übergang vom Arbeitstag in den Feierabend zu ritualisieren, kann dabei helfen, die Themen und Sorgen der Arbeitswelt loszulassen und den privaten Raum unbeschwert zu betreten.

Die Nachtruhe trägt ganz wesentlich zu unserem Wohlbefinden bei. Ausreichend zu schlafen gibt Körper, Geist und Seele Zeit zur Erholung und stärkt unsere Abwehrkräfte. Rituale am Abend können helfen, zur Ruhe zu kommen. Das abendliche Fernsehprogramm mit seinen üblichen Krimis oder ausdauernde Handynutzung ist für schlafsensible Menschen kontraproduktiv. Es lohnt sich dagegen herauszufinden, welche Aktivitäten die eigene innere Ruhe fördern. Regelmäßige Bettzeiten helfen uns ebenfalls dabei, gut zu schlafen.

Pausen strukturieren unseren Tag und verlangsamen unseren Rhythmus. Sie sorgen dafür, dass wir uns sammeln können, dass wir uns erholen und unsere Gedanken immer wieder kurz zur Ruhe kommen. In den Pausen tanken wir frische Energie für den weiteren Tag, die Woche, den Monat. Wie gut es uns gelingt, unsere Kräfte im Alltag einzuteilen, können wir unter anderem daran erkennen, welche Bedeutung wir unserem Urlaub beimessen. Freuen wir uns lustvoll darauf und auf die Abwechslung? Oder fühlen wir uns ausgebrannt und sehnen unseren Urlaub inbrünstig herbei, weil er uns quasi lebensrettend erscheint? In diesem Fall ist unsere energetische Balance offensichtlich aus dem Gleichgewicht geraten. Auch unsere Nahrung spielt eine wesentliche Rolle für unsere Lebensenergie. Regelmäßige, ausgewogene Mahlzeiten, die wir in Ruhe genießen, nähren unser körperliches und unser seelisches Wohlbefinden.

Pausen im Alltag ermöglichen uns, aus einer Situation herauszutreten und sie wie von außen zu betrachten. Dadurch bietet sich uns eine neue Perspektive auf das Vertraute. Plötzlich sehen wir neue Wege aus einer verfahrenen Lage, kommt uns ein Gedankenblitz oder es fällt uns jemand ein, der uns in einer Situation weiterhelfen könnte. In der Ruhe kann unsere Intuition an die Oberfläche steigen und unsere Kreativität sich entfalten. Sind wir mit unserem Inneren verbunden, gelingt es uns leichter, Zusammenhänge auf einer tieferen Ebene zu verstehen und zu verarbeiten oder auch, uns an Neues heranzuwagen.

Spannend wird es, wenn wir uns Pausen erlauben, in denen wir einfach absichtslos da sind und einmal gar nichts tun. Zeiten, in denen wir weder gedanklich Pläne schmieden noch Probleme wälzen oder uns aktiv mit einem Thema beschäftigen. Wenn wir das Buch zur Seite legen, den Fernseher, das Smartphone und das Tablet ausschalten und jegliche mediale Ablenkung und Zerstreuung vermeiden – was passiert dann mit uns?

Absichtslos nichts tun

Setzen Sie sich an Ihren Lieblingsort in Ihrer Wohnung, legen Sie dieses Buch zur Seite und tun Sie fünf Minuten lang nichts.

...

Wie schwer oder leicht ist Ihnen die Übung gefallen? Welche Gefühle und Empfindungen haben Sie gehabt? Haben Sie einen Impuls gespürt, aktiv zu werden und etwas zu tun? Was genau? Womöglich hat sich bei Ihnen eine leichte Unruhe oder ein Gefühl von Leere eingestellt. Das ist völlig normal. Wir sind es schlichtweg nicht gewohnt, nichts zu tun. Selbst wenn es uns gelingt, körperlich zur Ruhe zu kommen, sind da noch unsere Gedanken, die sich permanent mit etwas beschäftigen wollen und auf sich aufmerksam machen. Menschen, die meditieren, wissen, wie viel Übung es braucht, um die Gedanken zur Ruhe kommen zu lassen. Nicht umsonst wird Meditation als tägliches Training empfohlen.

Sind wir längeren Ruhephasen ausgesetzt, sei es freiwillig oder gezwungenermaßen, weil wir vielleicht allein sind und gerade niemanden zur Gesellschaft finden, kann uns Langeweile überfallen. Langeweile ist für viele Menschen schwer auszuhalten. Manchmal habe ich den Eindruck, dass wir heutzutage so stark auf Leistung einerseits und auf Unterhaltung und Ablenkung andererseits konditioniert sind, dass wir alles dafür tun, damit nur ja keine Langeweile entsteht. Mehr noch, manchmal habe ich sogar das Gefühl, dass wir uns für unsere Langeweile schämen angesichts einer Welt, in der die Geschäftigkeit so hohen Stellenwert hat. Warum eigentlich? Was genau befürchten wir denn, wenn uns einmal langweilig ist?

Alltägliches mit Muße tun

Unser weitgehend neoliberales Wirtschaftssystem hat zu einem enormen Leistungsdruck und zu hochverdichteten Prozessen im Arbeitsleben geführt. Das Arbeiten unter beständigem Zeitdruck ist bereits so sehr Normalität, dass uns oftmals gar nicht mehr auffällt, in welcher Geschwindigkeit wir unseren Arbeitsalltag bewältigen. Dieselbe Geschwindigkeit nehmen wir nicht selten mit in unser Privatleben. Dabei bleibt vieles auf der Strecke, was das Leben angenehm und schön macht: ziellos umherschlendern, den Lauf der Wolken betrachten, ein Kind beobachten, das ganz in sein Spiel vertieft ist, oder eine besondere Blume am Wegesrand entdecken. Zudem führen wir lange To-Do-Listen und packen zu viele Aktivitäten in unsere Freizeit, sodass wir die einzelnen Aktionen, auch die schönen, manchmal gar nicht mehr genießen können, weil wir zutiefst gestresst oder gedanklich schon beim nächsten Termin sind.

Wenn wir uns mehr Zeit für unsere Tätigkeiten und Begegnungen nehmen und uns ganz auf sie einlassen, können wir sie meist intensiver genießen. Zudem widerstehen wir so dem Versuch des Multitasking. Multitasking ist ein Mythos, eine Illusion unserer Leistungsgesellschaft.[35] Es ist ein imaginärer Antreiber, mit dem wir uns zusätzliche Aufgaben aufladen und uns dabei noch geschmeichelt fühlen, wie viel wir schaffen. Unser Gehirn ist jedoch nicht dazu in der Lage, mehrere komplexe Aufgaben gleichzeitig zu bearbeiten. Im besten Fall wechselt es extrem schnell zwischen den verschiedenen Themen und Aufgaben. Das macht unser Arbeiten jedoch nicht schneller, sondern setzt lediglich unser Gehirn unter Hochleistungsdruck. Häufig passieren genau dann Fehler, die uns nicht passiert wären, hätten wir uns ausreichend Zeit für die Aufgabe genommen. Der Versuch des Multitaskings kann zu einer beständigen Überforderung des Gehirns und einer dauerhaften Stressbelastung führen.

Indem wir den einzelnen Tätigkeiten unsere volle Aufmerksamkeit widmen, gewinnen sie eine andere Qualität für unser Leben. Nehmen wir als Beispiel das Kochen. Im Alltag werden viele Menschen eine Mahlzeit möglichst schnell zubereiten, damit das Essen zu einer bestimmten Zeit auf dem Tisch steht und das Kochen nicht allzu viel der eigenen freien Zeit in Anspruch nimmt. Ein Essen in Ruhe zu kochen hat dagegen eine andere Qualität. Das Tun selbst wird gewürdigt, nicht nur das Ergebnis. Manchen Gerichten schmeckt man es sogar an, ob Zeit auf sie verwendet wurde, beispielsweise ob ein Teig ausgiebig und geschmeidig geknetet wurde. Indem wir etwas mit voller Aufmerksamkeit und mit Muße tun, machen wir aber vor allem einen Unterschied für uns selbst. Wir erden uns durch unser Tun und spüren uns selbst darin. Wir nehmen unsere Empfindungen besser wahr und die verschiedenen Nuancen unseres Erlebens. Am Ende der Tätigkeit fühlen wir uns nicht ausgelaugt, sondern erfrischt und bereichert. Wir freuen uns darüber, was wir geschafft und geschaffen haben.

Alltägliche Tätigkeiten in Muße zu tun, kann unsere Lebensqualität deshalb deutlich verbessern. Wir leben bewusster und nehmen uns selbst und unser Umfeld intensiver wahr. Ganz wesentlich betrifft dies auch unsere Fähigkeit zu genießen. Erst in der Ruhe und unter unserer vollen Aufmerksamkeit entfaltet beispielsweise ein Gericht sein volles Aroma: Wenn wir das Essen anschauen, seine Farben und Konsistenz wahrnehmen, seinen Duft riechen, es dann auf der Zunge zergehen lassen und in all seinen Geschmacksnuancen auskosten. So wird ein scheinbar einfaches Essen zu einem vielschichtigen Erlebnis. Ähnliches gilt für das Hören von Musik oder das Betrachten eines Bildes. Manche Facetten eines Werkes eröffnen sich oftmals erst bei genauerem Hinhören oder -sehen.

Gelingt es uns, etwas mit Muße zu tun, entziehen wir uns damit dem Zwang der Zeit und bewegen uns in einer anderen Dimension. Wir unterbrechen unser Eilen und erlauben uns, zu verweilen und dass sich etwas in Ruhe entwickeln kann. Dabei können wir sehr konzentriert und fokussiert sein, darüber die Zeit vergessen und uns ganz dieser Tätigkeit hingeben. In diesem Zustand, dem Flow, sind wir ganz bei uns, in unserer Mitte, angebunden an unser tiefes Wissen und unsere vielfältigen Fähigkeiten.

Jeder Moment unseres Alltags eignet sich dafür, ihn ganz bewusst zu leben. Da die Dynamik unseres Lebensrhythmus jedoch meist sehr schnell und drängend ist, bedarf es regelmäßiger Übung, um der Muße Raum zu verschaffen. Dafür bieten sich verschiedene

Wege an, allein zu Hause oder in Gruppen. Mithilfe eines Achtsamkeitstrainings[36] beispielsweise lernt man unter Anleitung, den inneren Fokus auf den gegenwärtigen Moment zu richten, diesen ganz bewusst zu erleben und die eigenen Empfindungen genau wahrzunehmen. Durch die beständige Übung können wir unsere Aufmerksamkeit für unser Handeln im Jetzt und unsere Selbstfürsorge verbessern. Dabei sollte das Ziel nicht sein, dass wir uns selbst optimieren, um noch leistungsfähiger für unseren dichten Alltag zu werden, sondern vielmehr, Achtsamkeit für sich selbst zu entwickeln und das persönliche Handeln mit dem eigenen tieferen Selbst in Einklang zu bringen. Achtsamkeit kann unseren Lebensrhythmus verändern und verlangsamen und trägt zu unserem Wohlbefinden bei.

Kartoffeln schälen mit Muße

Wählen Sie eine beliebige, ganz alltägliche Handlung aus wie beispielsweise das Kartoffelschälen oder das Schuheputzen und verrichten Sie diese Tätigkeit in aller Ruhe und mit aller Sorgfalt. Richten Sie Ihre ganze Aufmerksamkeit auf Ihr Tun. Nehmen Sie sich die Zeit, die diese Tätigkeit erfordert, um sie in Ruhe zu erledigen.
Wie haben Sie sich dabei gefühlt? War etwas anders als sonst?

Aktivität als wesentlicher Bestandteil eines erfüllten Lebens

Durch unser Handeln verorten wir uns als Mensch in der Welt, mit all unseren Begabungen und Fähigkeiten, unserem Wissen und unseren Erfahrungen. Wir spüren uns selbst in unserem individuellen Menschsein, indem wir aktiv tätig werden. Wir nehmen wahr, was uns ausmacht, was uns geprägt hat, was wir gelernt und uns angeeignet haben. Handelnd erfahren wir unsere Stärken und auch unsere Schwächen, unsere kraftvolle Energie und unser Zaudern. Durch unser Handeln drücken wir unsere Wertvorstellungen aus, wir geben unserer Leidenschaft eine Richtung und erleben unsere Wirksamkeit in der Welt.

Es gibt diese magischen Momente, in denen uns die Kraft unserer Handlungen plötzlich bewusst wird: wenn uns etwas besonders gut gelungen ist; wenn wir jemandem helfen konnten oder wir eine knifflige Aufgabe gelöst haben; wenn wir überraschend etwas geschafft haben, das wir uns vorher nicht zugetraut haben; wenn wir aus einer intensiven Beschäftigung auftauchen und die Welt um uns herum plötzlich wieder wahrnehmen; wenn wir uns körperlich ausgepowert haben, unser Kopf glüht und unser Puls hämmert. Manchmal erleben wir dann eine tiefe Freude und strahlen von innen. Es sind Momente, in denen wir unsere Lebensenergie intensiv spüren.

Dieses Erleben stellt sich insbesondere dann ein, wenn wir mit uns in Einklang sind. Entspricht eine Tätigkeit unseren Fähigkeiten und unserer Persönlichkeit, fühlt sie sich oftmals mühelos und stimmig an, auch wenn sie anstrengend ist. Haben wir die Aufgabe beendet, sind wir vielleicht müde, aber zugleich beschwingt und aus ganzem Herzen erfüllt. Es breitet sich eine tiefe innere Befriedigung in uns aus.

Andere Menschen nehmen uns und unsere Persönlichkeit ebenfalls durch unsere Handlungen wahr; in dem, was wir tun und wie wir etwas tun, zeigen wir uns nach außen. Handelnd gestalten wir unseren Platz in der Gesellschaft und gehen in Beziehung zu anderen Menschen. So nehmen wir im Lauf unseres Lebens unterschiedlichste Rollen ein: die des Kindes, der Schwester, des Vaters, der Nachbarin, des Mitschülers, der Freundin, des Arbeitnehmers, der Kundin oder des Aktivisten. Durch unser Handeln entscheiden wir, in welcher Weise wir diese Rollen füllen, unser Zusammenleben mitgestalten und Verantwortung übernehmen. Zu spüren, dass unser Handeln manchmal einen wesentlichen Unterschied macht, dass wir gebraucht werden und Dinge bewegen können, ist ein wunderbares Gefühl, aus dem wir viel Kraft schöpfen können.

Balance zwischen Ruhe und Aktivität finden

Ruhe und Aktivität mögen uns manchmal als Widerspruch erscheinen, ein Entweder – Oder, zwischen dem wir uns entscheiden müssen. Dabei stehen sie in enger Verbindung miteinander, gehalten von einem unsichtbaren elastischen Band. In ihrer gegensätzlichen Qualität sind sie nur miteinander zu verstehen, so wie auch Tag und Nacht untrennbar miteinander verbunden sind und in ihrem scheinbaren Gegensatz eine Einheit bilden.

Keine Aktivität kann ohne Unterbrechung in alle Ewigkeit fortgeführt werden. Immer kommen wir an den Punkt, an dem wir zur Ruhe kommen oder kommen müssen. Finden wir diesen Punkt nicht durch Einsicht und die Beachtung unserer Körpersignale, zeigt uns unser Körper irgendwann sehr deutlich und unmissverständlich, dass wir Ruhe brauchen. Überfordern wir uns über längere Zeiträume immer wieder, entwickeln sich häufig Krankheiten, die unsere Geschäftigkeit unterbrechen und uns zur Ruhe zwingen.

Zugleich haben wir Menschen einen natürlichen Bewegungsdrang, wobei ich Bewegung als kleinste Einheit von Aktivität verstehe. Wenn wir uns lange genug ausgeruht haben, spüren wir irgendwann ein inneres Bedürfnis danach, uns zu bewegen und etwas zu tun. Vielleicht kennen Sie diesen Impuls, der sich manchmal nach einem Tag Nichtstun am Abend einstellt, der uns dazu bringt, noch eine Runde spazieren zu gehen, oder den Impuls, beim Spazierengehen spontan loszulaufen, einfach, weil es Spaß macht und sich gut anfühlt. Manchmal zeigt sich dieses Bedürfnis zur Aktivität auch nach einem erholsamen Urlaub in der Vorfreude auf unsere Arbeit. Wir möchten wieder mit anpacken und uns herausfordern. Wir wollen unsere kraftvolle Energie spüren und ja, auch etwas leisten. Der Drang nach Bewegung und Aktivität ist eine sehr lustvolle Energie.

Bleiben wir noch einen Moment bei diesem Bild der Dualität von Ruhe und Bewegung. Stellen wir sie uns als zwei Pole am Ende einer Linie vor, so sind wir selbst die Verbindung zwischen diesen Polen. Wir entscheiden jeden Tag mit unseren Handlungen, wie wir unseren persönlichen Regler zwischen Ruhe und Aktivität stellen. Sicherlich gibt es Anforderungen in unserem Umfeld, die Einfluss auf uns nehmen. Die Arbeitskollegin wird krank und muss vertreten werden oder die Kinder haben Bedürfnisse, die unaufschiebbar sind. Es gibt Phasen, in denen wir bewusst an unsere

Grenzen gehen, weil es uns notwendig erscheint, oder in denen alles auf uns einstürmt und wir einfach weitermachen, ohne darüber nachzudenken. Das geht meistens eine Zeit lang gut. Aber es entsteht daraus Stress. Stress kann ungeheure Energien in uns freisetzen, sodass wir manchmal über uns hinauswachsen. Sind diese Phasen zeitlich begrenzt und gelingt es uns, anschließend wieder in einen ruhigeren Lebensmodus zu kommen, ist das in der Regel unproblematisch. Weiten sich diese Stressphasen allerdings aus und werden unbemerkt zu einem Dauerzustand, geraten wir aus dem Gleichgewicht. Andauernder Stress kann zu einer tiefen Erschöpfung führen und uns krank machen.

Für unser Wohlbefinden ist es entscheidend, wie wir diesen Regler bedienen. Haben wir uns im Dauerstress eingerichtet und wollen dies ändern, müssen wir einige Entscheidungen treffen und Weichen ganz neu stellen. Das ist nicht immer leicht, insbesondere, wenn es um existenzielle Entscheidungen geht wie z. B. darum, eine Arbeitsstelle zu wechseln oder gar zu kündigen. Schwierig wird es auch, wenn wir feststellen, dass wir unsere grundlegenden Verhaltensmuster ändern müssen, wenn wir lernen müssen, im Alltag öfter Nein zu sagen und uns auszuruhen, anstatt jedes Hilfeersuchen anzunehmen. Für viele Menschen ist das ein lebenslanger Lernprozess, denn die alten, erlernten Verhaltensmuster sind sehr mächtig.

Wie die Balance zwischen Ruhe und Aktivität aussieht, kann sich von Mensch zu Mensch deutlich unterscheiden, so, wie wir uns in unserer Persönlichkeit unterscheiden und unterschiedliche Erfahrungen und Lebensgeschichten mitbringen. Jeder muss sein eigenes Maß finden, das zu ihm passt. Indem wir auf unsere innere Stimme hören und unsere Körpersignale beachten, finden wir unser persönliches Gleichgewicht, das uns guttut. Das kann zwar je nach Tagesform auch mal etwas unterschiedlich ausfallen, je nachdem, wie wir geschlafen haben und wie unsere Stimmung gerade ist. Wichtig ist jedoch, ganz grundlegend die eigenen Kräfte gut einzuschätzen, um die Weichen unseres Lebens, die man nicht jeden Tag ändern kann, richtig zu stellen.

Die Struktur unseres Alltags sollte nach Möglichkeit Freiräume enthalten, die uns eine gute Basis für unsere Selbstfürsorge und wirkliche Entscheidungsspielräume verschaffen. Diese Spielräume lassen Platz für Spontanes, Überraschendes und für Abwechslung. Sie helfen uns, dem Leben gegenüber offen und neugierig zu bleiben und auch einmal etwas Neues auszuprobieren. Es mag uns zudem leichter fallen, Veränderungen zu akzeptieren und in unser Leben zu integrieren, wenn wir Zeit und freie Energie haben, uns mit der Veränderung auseinanderzusetzen. Freiräume brauchen wir darüber hinaus, um unsere Kreativität zu entfalten, mit deren Hilfe wir gute Lösungen finden und mit der wir in unserem Leben hin und wieder neue Akzente setzen.

Der scheinbare Widerspruch zwischen Ruhe und Aktivität wird durch die Muße aufgehoben. Sie vereint diese beiden Qualitäten unseres Seins. Indem wir die Muße in unser alltägliches Handeln einfließen lassen, können wir zu einem ausgeglichenen, entspannten Lebensrhythmus finden, der Leichtigkeit mit sich bringt und unser Wohlbefinden stärkt.

Wohlwollend zu sich selbst und anderen sein

Selbstliebe ist der wesentliche Schlüssel zu einem glücklichen und erfüllten Leben. Darin sind sich viele religiöse wie auch spirituelle Gemeinschaften einig. Auch einige therapeutische Richtungen basieren auf dieser Grundannahme und versuchen, Menschen in ihrer Selbstliebe und ihrem Selbstwertempfinden zu stärken. Uns selbst lieben zu können ermächtigt uns, andere Menschen, aber auch Tiere und die Natur lieben zu können. Was sich so einfach liest, ist für viele jedoch alles andere als einfach. Ich selbst bin in einem christlichen Kontext aufgewachsen und so war mir schon als Kind das Gebot »Liebe deinen Nächsten wie dich selbst« geläufig. Mein Problem war jedoch, dass ich mit diesem Satz wenig anzufangen wusste. Er fand in meinem Innersten keine Resonanz und war für mich sehr abstrakt. Erst viel später, als ich in meinem Erwachsenenleben auf den Begriff des Wohlwollens gestoßen bin, begann ich allmählich zu verstehen, was mit Selbstliebe gemeint sein könnte. In einem langen Lernprozess half mir das Wohlwollen schließlich dabei, mich anzunehmen und mich lieben zu lernen.

Wohlwollen als Schlüssel zur Selbstliebe

Menschen, die in ihren ersten Lebensjahren keine bedingungslose elterliche Liebe erfahren haben und die emotional nicht ausreichend genährt wurden, haben keinen oder nur ein unterentwickeltes inneres Bild von Liebe. Sie wissen nicht, wie es sich anfühlt, geliebt zu werden. Manche begegnen in ihrer Kindheit zwar anderen Menschen, die diesen Mangel an Liebe auszugleichen versuchen – Großeltern, ältere Geschwister, Nachbarn oder Erzieherinnen und Erzieher. Diese können wichtige Wegbegleiter für das Kind sein und es in gewisser Weise auffangen. Aber die fehlende Liebe der Eltern lässt sich nie vollständig ersetzen. Ein Gefühl von

Mangel und ein verringertes Selbstwertgefühl können sich auch im Erwachsenenalter noch auswirken und die eigene Liebesfähigkeit beeinflussen.

Diese Menschen, deren grundlegende Bedürfnisse in ihrer Kindheit nicht ausreichend befriedigt wurden, haben es schwer, auch nur eine Vorstellung davon zu entwickeln, was Selbstliebe ist. Viel eher vermag dieser Begriff bei ihnen inneren Widerstand und Abwehr auszulösen. Dies könnte damit zu tun haben, dass sie häufig Selbstliebe mit Egoismus verwechseln. Das betrifft insbesondere jene, die als Überlebensstrategie gelernt haben, sich anzupassen, nicht aufzufallen, anderen zu helfen und die Bedürfnisse anderer von deren Augen abzulesen. Das Helfen kann ein Versuch sein, ein vermindertes Selbstwertempfinden zu kompensieren und die eigene Existenz zu rechtfertigen. Zugleich ignorieren und unterdrücken diese Menschen ihre eigenen Bedürfnisse, denn sie haben verinnerlicht, dass diese nichts gelten. »Nimm dich nicht so wichtig«, haben sie noch im Ohr, oder »Du bist so egoistisch«. Und so verausgaben sie sich im Helfen, manchmal bis zur Selbstaufgabe, um den eigenen Selbstwert und das eigene Selbstbild zu schützen. Unter der Oberfläche wird dieses Helfen jedoch meist von einem latenten Groll begleitet, der daher rührt, dass das eigene Ich nicht wahrgenommen wird, weder von anderen noch von ihnen selbst.

Ich persönlich hatte den Begriff der Selbstliebe lange Zeit als hehres Ziel betrachtet, fern und abstrakt. Er schien nicht viel mit mir zu tun zu haben. Ich hatte keine Vorstellung davon, wie dieses Ziel für mich erreichbar wäre, also befasste ich mich erst gar nicht damit. Dann »entdeckte« ich den Begriff des Wohlwollens – ein Wort, das irgendwie aus der Zeit gefallen zu sein schien und dennoch Widerhall in mir fand. Ich begann, wohlwollende Menschen in meinem Leben zu erkennen und das Wesen von Wohlwollen zu verstehen. Wohlwollen berührte mich in meinem tiefsten Inneren und öffnete mir die Tür zu meinem Herzen.

Allein der Klang des Wortes löst in mir ganz unmittelbar ein wohliges und wärmendes Gefühl aus. Wohlwollen umfängt und umarmt mich, und es stellt sich ein Gefühl von Geborgenheit ein. Es vermittelt mir, dass mein Wohl gewollt und das Universum mir wohlgesinnt ist. Wohlwollen zu spüren bedeutet, alles ist nicht so schlimm, meine Macken und Unzulänglichkeiten werden lächelnd aufgefangen und meine Fehler verziehen. Es wirkt in alle Richtungen: Ich kann wohlwollend zu mir selbst sein und wohlwollend gegenüber anderen. Andere sind wohlwollend zu sich selbst und gegenüber anderen, auch mir gegenüber. Wohlwollen erlaubt mir, nachsichtiger und weniger streng zu sein. Es öffnet mein mitfühlendes Herz – mitfühlend mit mir selbst und mit anderen.

Wohlwollen ist für mich die kleine Schwester der Selbstliebe. Sie ist mir näher und ich kann sie leichter verstehen. Und ähnlich wie Eltern, die ihr Kind lieben und stärken, dies in einer wohlwollenden Haltung tun, habe ich gelernt, meinem eigenen inneren Kind gegenüber wohlwollend zu sein, es zu stärken und zu lieben. So hat es mir dabei geholfen, mich selbst anzunehmen, und hilft mir bis heute dabei. Wohlwollen ist mein Schlüssel zur Selbstliebe.

Sich selbst und anderen verzeihen

Eng verbunden mit einer wohlwollenden Haltung ist die Nachsicht mit sich selbst und mit anderen. Vielen Menschen fällt es schwer, nachsichtig mit sich zu sein. Sie fühlen sich häufig schuldig, beispielsweise wenn sie das Gefühl haben, etwas falsch oder nicht gut genug gemacht oder jemand anderen verletzt zu haben. Im gedanklichen Dialog mit ihrem inneren Kritiker sind sie regelmäßig damit beschäftigt, sich anzuklagen, um sich dann wieder vor sich selbst zu rechtfertigen. Sie grübeln viel und versuchen, sich besser zu kontrollieren, um bloß keine Fehler zu machen. Aber das Gefühl von Schuld werden sie nicht los, weil es unabhängig davon existiert, ob sie wirklich Schuld auf sich geladen haben, also ob sie absichtlich jemandem Schaden zugefügt haben oder nicht.[37]

Diese losgelösten Schuldgefühle stammen aus der frühen Kindheit. Es sind alte, verinnerlichte Grundüberzeugungen wie beispielsweise die, nicht zu genügen, die diese Gefühle von Schuld nach sich ziehen. Sind die Schuldgefühle und der innere Rechtfertigungszwang sehr stark ausgeprägt, ist es deshalb ratsam, sich professionelle therapeutische Hilfe zu holen, um die dahinterliegenden schädlichen Glaubenssätze aufzudecken und aufzulösen. Im therapeutischen Prozess kann außerdem eine ganz wesentliche Fähigkeit erlernt werden: sich selbst und anderen zu verzeihen. Indem wir verzeihen, lassen wir alten Groll (auf die Eltern, auf uns selbst) los und finden mehr Freude im Leben. Allerdings ist es keine leichte Aufgabe, verzeihen zu lernen, denn es erfordert, Schuldzuweisungen loszulassen und die Verantwortung für das eigene Leben zu übernehmen.

Der Psychiater und Autor Heinz-Peter Röhr weist darauf hin, dass Verzeihen immer ein freiwilliger Akt ist, eine Entscheidung, zu der einen niemand zwingen kann. Jedoch profitieren die Menschen, denen es gelingt zu verzeihen, selbst am meisten davon, denn sie gewinnen dadurch innere Freiheit und Frieden. Wer bereit ist zu verzeihen, Vorwürfe und Groll loszulassen, lässt sich auf einen Heilungsprozess ein, bei dem auch alte Wunden heilen können.

Unser Alltag bietet viele Gelegenheiten, das Verzeihen zu lernen, indem wir uns bewusst in Nachsicht üben. Was ärgern wir uns manchmal über unsere alltäglichen Unzulänglichkeiten und all die Fettnäpfchen, in die wir wieder einmal getreten sind! Was bringen uns unsere vermeintlichen Peinlichkeiten manchmal ins Grübeln! Zum Beispiel, wenn wir uns im Restaurant selbstvergessen genussvoll die Finger abgeleckt haben und beim Aufschauen die irritierten Blicke der anderen bemerken. Wenn wir uns in einem Moment der Gier schnell das letzte Stück Kuchen genommen und hineingebissen haben – und anschließend die Enttäuschung im Gesicht unseres Gegenübers sehen, das ebenfalls gerade zugreifen wollte. Wenn wir einen unbedachten Scherz gemacht haben und erst im nächsten Moment realisieren, dass dieser unangemessen war und noch dazu von jemandem aus den Zuhörern als herabsetzend empfunden wird. Das Leben ist voller Erlebnisse, für die wir uns schämen und über uns selbst ärgern können – können, aber nicht müssen!

All diese Erlebnisse können wir dazu nutzen, um eine nachsichtige, wohlwollende Haltung mit uns selbst zu lernen: Indem wir uns unsere Unzulänglichkeiten immer wieder bewusst verzeihen, sie als Teil von uns innerlich umarmen und annehmen; indem wir freundlich und mit Humor auf unsere persönlichen Macken und

Eigenheiten schauen; und manchmal auch, indem wir klare Verantwortung für unser Handeln übernehmen. Immer, wenn wir das bekannte Grübeln, das Schuldgefühl oder die Scham und die damit einhergehende Selbstabwertung bemerken, können wir also innehalten und uns einen Moment Zeit nehmen für eine kurze Übung der Selbstliebe. Im Folgenden ein paar Beispiele.

Im Fall des Restaurantmoments könnte folgende Übung für innere Entlastung sorgen:

Eine wohlwollende Haltung entwickeln

Schließen Sie die Augen und vergegenwärtigen Sie sich den Moment, in dem Sie die Finger gerade genüsslich abgeleckt haben, aufschauen und die Blicke der anderen registrieren. Halten Sie Ihren inneren Blick auf sich selbst gerichtet und stellen Sie sich jetzt vor, wie sich nach dem ersten Schrecken Ihr Gesicht zu einem Lächeln entspannt. Sie beginnen zu kichern, erst leise, dann immer lauter, bis Sie herzlich und aus vollem Hals lachen. Schauen Sie sich einen Augenblick beim Lachen zu und spüren Sie, wie sich Ihr Gefühl verändert. Schließlich bemerken Sie, dass Ihr Lachen ansteckend ist. Lassen Sie vor Ihrem inneren Auge alle Menschen um sich herum in Ihr Lachen mit einstimmen. Genießen Sie diesen Moment von Leichtigkeit und Freude.

Vielleicht müssen Sie diese Übung ein paarmal allein zu Hause wiederholen, bevor es Ihnen gelingt, in einer realen Situation, in der Sie in ein Fettnäpfchen getreten sind, über sich selbst zu lachen oder doch wenigstens wohlwollend über sich selbst zu lächeln. Die Fähigkeit, über uns selbst zu lächeln, hilft uns aus vermeintlich beschämenden Situationen heraus und erleichtert es uns, denselben Menschen das nächste Mal wieder erhobenen Hauptes gegenüberzutreten.

Haben Sie jemandem das letzte Stück Kuchen weggeschnappt und schämen Sie sich deshalb? Dann versuchen Sie es mit dieser Übung:

Die eigenen Bedürfnisse wahrnehmen

Gehen Sie innerlich zu diesem Moment zurück, in dem Sie zum Kuchen gegriffen haben, spüren Sie in sich hinein und versuchen Sie zu unterscheiden: War es Hunger oder lustvoller Appetit, der Sie zum Kuchen greifen ließ? Oder waren Sie eigentlich schon satt oder sogar mehr als satt und haben dennoch zugegriffen? War es also die Angst, zu kurz zu kommen, die Sie zugreifen ließ?

Im ersten Fall war Ihre Handlung passend zu Ihren tatsächlichen Bedürfnissen. Das schlechte Gewissen oder die Scham, die Sie spüren, sind eine Art Fehlalarm. Nehmen Sie sich mit Ihren Bedürfnissen wahr und geben Sie sich selbst die Erlaubnis, diese zu befriedigen. Vielleicht stellen Sie sich vor, wie Sie neben sich am Kuchenbüfett stehen und sich selbst freundlich auffordern: »Bitte greif zu!«

Waren Sie eigentlich schon satt und Ihr Antrieb war nicht Hunger, sondern die Angst, zu kurz zu kommen, dann ist diese Kuchensituation ein Ausdruck davon, dass Ihr inneres Kind Zuwendung braucht. Visualisieren Sie in aller Ruhe Ihr inneres Kind, das früher nicht satt geworden ist. Nehmen Sie es in Ihre Arme und halten Sie es. Geben Sie ihm heute die Zuwendung, Wärme und Liebe, die es benötigt, um zu heilen.

Sollte Ihnen ein Scherz missglückt sein, der unabsichtlich jemand anderen gekränkt hat, versuchen Sie folgende Übung:

Schuldgefühle wegschicken

Gehen Sie in Ihrem Inneren zu Ihrer Bemerkung zurück, zu dem Moment, in dem Sie diese geäußert haben. Nehmen Sie wahr, wie Sie unbedarft, vielleicht naiv Ihren Scherz ausgesprochen haben. Es war nicht Ihre Absicht, die andere Person zu verletzen. Verabschieden Sie Ihr Schuldgefühl, denn Sie haben sich nicht schuldig gemacht. Schuld setzt Absicht voraus. Vielleicht stellen Sie sich eine Tür vor, durch die Sie das Schuldgefühl schicken. Anschließend können Sie sich dazu entscheiden, auch ohne sich schuldig gemacht zu haben, dennoch die Verantwortung für Ihr Handeln zu übernehmen. Wenn Sie jemanden unabsichtlich ge-

kränkt haben, könnten Sie sich beispielsweise bei der betroffenen Person entschuldigen. Eine klare Entschuldigung kann eine Situation umgehend verändern und die zwischenmenschliche Atmosphäre reinigen.
Wenn dies nicht möglich ist, weil die Situation vorbei ist und Sie keinen Kontakt zu der Person haben, dann können Sie das auch in Ihren Gedanken tun.

Es gibt vielfältige Übungen, um Nachsicht mit sich zu üben. Alle hier vorgestellten können abgewandelt werden. Experimentieren Sie damit, welche Vorstellungen und inneren Bilder Ihnen helfen, sich mit sich selbst auszusöhnen. Wie können Sie einen liebevollen Umgang mit Ihrem inneren Kind pflegen, es in den Arm nehmen und trösten, anstatt es zu verurteilen? Es geht dabei immer darum, die eigenen strengen Maßstäbe aufzulösen und das Herz mitfühlend zu öffnen, eine wohlwollende Haltung einzunehmen, die großzügig die eigenen Fehlbarkeiten verzeiht und die persönlichen Eigenheiten humorvoll integriert.

Indem wir nachsichtiger mit uns selbst werden, werden wir auch anderen Menschen gegenüber gelassener. Wir hören auf, bei ihnen nach Fehlern zu suchen, um von den eigenen abzulenken. Wir realisieren, dass wir die Eigenheiten und menschlichen Unzulänglichkeiten unseres Partners oder unserer Partnerin, der Freundin, des Nachbarn oder der Verkäuferin nicht persönlich nehmen müssen und verabschieden uns davon, uns regelmäßig gekränkt zu fühlen. Dadurch entdramatisieren wir unser Leben ungemein und schaffen Raum für ein wohlwollendes und entspanntes Miteinander.

Großzügigkeit zulassen

Ein Wesensmerkmal von Wohlwollen ist die Großzügigkeit. In einer wohlwollenden Haltung gelingt es uns, großzügig zu uns selbst wie auch zu anderen Menschen zu sein. Es ist eine freundliche, gewährende Haltung, die uns erlaubt, Wünsche zu haben und diese zu äußern, offen, direkt und ohne sich hinter etwas verstecken zu müssen. Genauso gestehen wir anderen deren Wünsche zu.

Das bedeutet nicht, dass wir sie immer erfüllen müssen. Es bedeutet lediglich, dass wir sie als legitim anerkennen. Welche Wünsche wir uns und anderen erfüllen und uns erfüllt werden, ist ein Aushandlungsprozess und das Ergebnis von Entscheidungen, die wir und andere treffen.

Großzügigkeit kann das Leben enorm vereinfachen, weil wir unser Wenn und Aber einmal stoppen und einfach beherzt zugreifen. Den Kuchen nehmen, ganz einfach, weil wir ihn wollen, und ihn uns auf der Zunge zergehen lassen. Großzügigkeit lässt uns das Leben genießen und auskosten. Großzügig zu sein bedeutet, sich und anderen etwas aus ganzem Herzen zu gönnen und sich mit anderen aufrichtig freuen zu können.

Großzügigkeit, die aus dem Herzen kommt, rechnet nicht auf, sie erwartet keine Gegenleistung und keinen überschwänglichen Dank. Sie entsteht aus der Fülle und ist ein Akt innerer Freiheit. Deshalb ist es so wichtig, dass wir uns um unser inneres Kind kümmern, es gut versorgen, sodass wir unbefangen und aus ganzem Herzen großzügig sein können.

Wohlwollen und Großzügigkeit sind der liebevolle Gegenpol zur harten Strenge, die in unserem Inneren in Form von Glaubenssätzen ihr Regiment zu führen versucht. Während die Strenge uns einflüstert: »Du musst!«, »Stell dich nicht so an!« oder »Das ist nicht gut genug!«, fragt das Wohlwollen: »Was möchtest du?«, »Was brauchst du?« oder »Was macht dir Freude?«. Eine wohlwollende Haltung zu leben bedeutet, sich der eigenen Bedürfnisse und Befindlichkeiten bewusst zu sein und das eigene Handeln damit in Einklang zu bringen. Das meint beispielsweise, rechtzeitig Pausen zu machen, den eigenen Anspruch an eine Aufgabe auf ein realistisches Maß zu reduzieren oder auch einmal Hilfe anzunehmen. Das Wohlwollen lehrt uns, das scheinbar unumstößliche »Du musst!« der Strenge anzuzweifeln und zu erkennen, dass wir frei sind zu entscheiden. Eine Aufgabe, die wir aus einer freien Entscheidung heraus wählen, fühlt sich so viel leichter an, als wenn wir dieselbe Aufgabe aus reinem Pflichtgefühl erledigen. So verlieren unsere alten Glaubenssätze in der Weichheit einer wohlwollenden Haltung ihre Macht über uns, und wir verändern unsere Denkgewohnheiten: Wir verwandeln das harte »Muss« in ein »Ich will« und ein gewährendes »Ich erlaube mir«.

Sich selbst Wohlwollen schenken
Lesen Sie folgende Sätze einmal (oder auch mehrfach) laut und ergänzen Sie die Liste mit Ihren persönlichen Wünschen:
Ich erlaube mir, auch bei hoher Arbeitsbelastung regelmäßige Pausen zu machen.
Ich erlaube mir, mein Mittagessen in aller Ruhe zu genießen.
Ich erlaube mir, heute Abend mit niemandem zu kommunizieren und mein Smartphone auszuschalten.
Ich erlaube mir, die Aufgabe heute nicht fertigzustellen.
Ich erlaube mir, Hilfe für das Fensterputzen zu holen.
Ich erlaube mir, ...

Sich selbst ein Lächeln schenken

Wohlwollen kommt aus dem Herzen. Und so können wir eine wohlwollende Haltung zum Leben entwickeln, indem wir unsere Herzensenergie stärken. Unser liebendes, mitfühlendes Herz ist es, das uns hilft, uns mit all unserer Unvollkommenheit anzunehmen und uns selbst zu lieben. Um seine Liebesfähigkeit entfalten zu können, braucht unser Herz regelmäßig unsere Aufmerksamkeit und »Pflege«.

Im Chan Mi Qi Gong, einer spirituellen Praxis mit asiatischen Wurzeln, gibt es eine Übung, bei der aus dem Herzen ein Lächeln entsteht und dieses sich im ganzen Körper ausbreitet. Die Energie, die dabei frei wird, ist unglaublich stark. Mit dieser Übung spüren und stärken wir unser Qi, unsere Lebensenergie. Um diese Praxis zu erlernen, empfehle ich, sich Anleitung zu suchen oder einen Kurs zu besuchen.[38] Wir können aber jederzeit eine kurze Form dieser Übung zu Hause praktizieren. Jeder Moment des Lebens ist der beste, um uns selbst ein Lächeln zu schenken.

Inneres Lächeln
Halten Sie inne, schließen Sie Ihre Augen und richten Sie Ihre Aufmerksamkeit nach innen. Lassen Sie in Ihrem Herzen ein Lächeln entstehen, und stellen Sie sich vor, wie das Lächeln im ganzen Körper erstrahlt.

Alle Muskeln und die Haut lächeln.
Alle Knochen und alle Gelenke lächeln.
Alle inneren Organe lächeln.
In jeder Körperzelle erstrahlt ein Lächeln.
Das Lächeln erfüllt den ganzen Körper bis in die Fingerspitzen und die Zehen.

Welche Empfindungen nehmen Sie wahr? Vielleicht spüren Sie ein warmes Gefühl oder sehen ein helles Licht, das aus Ihrem Herzen strahlt und sich im ganzen Körper ausbreitet. Diese Übung ist einerseits einfach und doch wieder nicht. Nicht immer finden wir die nötige innere Ruhe dafür, und manchmal, in traurigen oder verzweifelten Momenten, mag es uns einfach nicht gelingen, das Lächeln im Herzen zu sehen und zu spüren. Aber genau dann bedürften wir so sehr eines Lächelns. In diesen Momenten können wir eine einfachere Übung wählen, bei der wir uns nichts vorstellen müssen, die wir ganz mechanisch ausführen können, die aber unser emotionales Erleben dennoch positiv beeinflusst.

Lächeln üben

Ziehen Sie ganz bewusst und aktiv Ihre Mundwinkel nach oben zu einem Lächeln. Ziehen Sie die Wangenmuskeln dabei bewusst überdeutlich zusammen. Halten Sie dieses Lächeln ein paar Sekunden lang.
Sollte Ihnen das schwerfallen, können Sie einen Bleistift zur Hilfe nehmen, den Sie quer zwischen Ihren Lippen festhalten. Dadurch entsteht automatisch ein Lächeln in Ihrem Gesicht. Halten Sie den Bleistift ein paar Sekunden lang mit Ihren Lippen fest.
Achten Sie dabei auf Ihr Empfinden, Ihre Gefühle. Wie verändern sie sich?

Diese Übung mag banal erscheinen. Dennoch kann sie sehr wirkungsvoll sein. Sie beruht darauf, dass Muskeln Signale an das Gehirn senden und dadurch bestimmte Gefühle auslösen. Wenn wir also unsere Lachmuskeln aktivieren, wird zugleich auch ein Gefühl von Freude aktiviert. Auf diesem Zusammenhang beruht beispielsweise die Wirkung von Lachyoga. Das gänzlich anlasslose gemeinschaftliche Lachen kann bei den Teilnehmenden eine wunderbare positive Energie freisetzen. Unser Körper verfügt über viele Mechanismen, sich selbst zu heilen. Warum also nicht diese Weisheit nutzen auf dem Weg zu einem erfüllten Leben?

Schenken Sie sich gelegentlich ein bewusstes Lächeln. Zum Beispiel jetzt.

Humor als freundlicher Wegbegleiter

Wie befreiend es sein kann, über eine Situation zu lachen, anstatt sich zu schämen, hat die erste Übung aus dem letzten Kapitel verdeutlicht. Über sich selbst lachen zu können, vertreibt alle Peinlichkeit und Scham. Das selbstvergessene, genüssliche Lecken der Finger wird erst in dem Moment, in dem wir die Blicke der anderen bemerken, zur gefühlten Peinlichkeit. »Das tut man nicht«, sagten die Eltern und andere Autoritätspersonen. Wir alle haben gelernt, was sich gehört und was nicht. Der genüssliche Augenblick kippt deshalb, weil wir diese Bewertungen verinnerlicht haben und sie als Maßstab anwenden, bei uns selbst wie auch bei anderen. Hinterfragen wir diese Bewertung auch als Erwachsene nicht, nehmen wir die Scham mit nach Hause und der ansonsten schöne Abend wirkt noch lange unangenehm nach. Gelingt es uns jedoch, uns von unserer Bewertung freizumachen und uns diesen genüsslichen Moment zuzugestehen, können wir schon in der Situation unser Gefühl und die Stimmung ändern, indem wir anstatt verschämt wegzuschauen vielleicht verschmitzt lächeln über unsere kleine Ungehörigkeit.

Mit wohlwollendem Humor nehmen wir unserem inneren Kritiker den Wind aus den Segeln und entziehen ihm allmählich seine Macht über uns. Wenn wir uns selbst mit unseren Eigenheiten annehmen und lernen, über sie zu lachen, anstatt uns für sie zu schämen, wird unser innerer Kritiker irgendwann arbeitslos. Selbstverständlich ist das ein Lernprozess, die Scham verschwindet nicht von heute auf morgen, denn unsere erlernten Bewertungen sind sehr mächtig. Am Anfang wird es vermutlich nicht gleich gelingen, in einer solchen Situation zu lachen. Wer jedoch die Übung einige Male zu Hause in seiner Fantasie erprobt, der kann ähnliche Situationen immer schneller erkennen und irgendwann in der Situation selbst anders, leichter und mit Humor reagieren.

Ein humorvoller innerer Dialog lässt unser Leben sehr viel leichter werden, weil er ganz einfach Spaß macht. Auch eine Prise Selbstironie kann dabei nicht schaden. Wenn Ihr innerer Kritiker also wieder einmal vorwurfsvoll ausruft: »Schon wieder hast du vergessen, dich bei deiner Freundin richtig zu bedanken! Du bist so undankbar!«, dann antworten Sie: »Ja, aber wirklich, wie konnte ich das nur vergessen?! Ob sie mir das jemals verzeiht?« – und dabei lächeln. Gleichzeitig sind Sie sich darüber bewusst, dass es nicht Undankbarkeit war, sondern lediglich eine kleine Vergesslichkeit. Experimentieren Sie ruhig damit: Was sind Ihre Worte, mit denen Sie Ihren inneren Kritiker zähmen?

Den inneren Kritiker zähmen

Rufen Sie sich eine Situation aus den vergangenen Tagen in Erinnerung, in der Ihr innerer Kritiker laut wurde. Vergegenwärtigen Sie sich die Situation in aller Ruhe. Wie haben Sie sich gefühlt? Was war der Satz, mit dem Ihr innerer Kritiker Sie so treffen konnte? Was ist der wunde Punkt, den er in Ihrem Innersten berührt hat?

Sagen Sie sich: »Ich akzeptiere mich so, wie ich bin. Ich bin ok!« Und lächeln Sie. Was könnten Sie Ihrem inneren Kritiker jetzt sagen? Versuchen Sie verschiedene Antworten. Schreiben Sie diese auf, sodass Sie später darauf zurückgreifen können.

Der innere Dialog eignet sich dafür, gelegentlich auch den eher ungeliebten inneren Anteilen zuzuhören. Wenn Sie beispielsweise eine Aufgabe aufgeschoben haben und Ihr Kritiker sich meldet, könnten Sie Ihre verschiedenen inneren Stimmen einmal einzeln zu Wort kommen lassen: Was sagt denn beispielsweise der Faulenzer in Ihnen? Was will die Gemütliche? Wovor hat der Ängstliche eigentlich Angst? Was entgegnet ihm die Mutige? – Lassen Sie alle Stimmen nacheinander sprechen. Das kann helfen, das gedankliche Chaos und das Gefühlschaos zu sortieren und zu klären.

Manchmal treten dabei überraschende Erkenntnisse zutage und zudem macht es Spaß und entspannt die Situation.

Humor ist ein freundlicher und wunderbarer Wegbegleiter, der für gute Stimmung sorgt. Wohlwollender Humor stärkt den eigenen Selbstwert, weil er auf Wertschätzung und Selbstakzeptanz beruht. Indem wir anderen Menschen dieselbe Wertschätzung und Akzeptanz entgegenbringen, können wir zu einer wohlwollenden Atmosphäre in unserem sozialen Umfeld beitragen, in der wir uns wohlfühlen und das Leben genießen.

Zum Schluss

Was ist es, das Ihr Leben erfüllt und Sie glücklich macht? Wenngleich die Antworten auf diese Frage so unterschiedlich ausfallen mögen, wie Menschen unterschiedlich sind, erscheint mir einiges ganz wesentlich für unser persönliches Glücksempfinden: dass wir uns mit uns selbst und unserem Leben, unseren Mitmenschen und unserer Umwelt verbinden; dass wir unser Leben aufrichtig und authentisch leben und ihm Tiefe verleihen; dass wir begreifen, dass ein glückliches Leben nicht gleichbedeutend ist mit einem »leichten« Leben, sondern sich Leichtigkeit vielmehr dann einstellt, wenn es uns gelingt, das Leben, wie es ist, anzunehmen, auch wenn es uns vor Herausforderungen stellt.

Während der Arbeit an diesem Buch ist mir darüber hinaus aufgefallen, wie oft ich beim Schreiben dachte: Da gehört Mut dazu. Immer wieder hatte ich das Gefühl, dass wir Mut aufbringen müssen, wenn wir authentisch leben wollen. Es erfordert Mut, uns unsere eigenen Wünsche und Bedürfnisse einzugestehen und sie anderen gegenüber zu äußern, uns also anderen »zuzumuten«. Es ist mutig, wenn wir uns unseren tiefen Ängsten und unseren alten Glaubenssätzen stellen und diese zu überwinden versuchen, damit wir innerlich freier werden. Wenn wir unsere Träume und Wünsche umsetzen wollen, brauchen wir den Mut, uns auf Neues einzulassen, uns auszuprobieren und uns dabei auch Fehler einzugestehen. Und wir sind mutig, wenn wir uns den schwierigen, den traurigen oder den konflikthaften Seiten unseres Lebens stellen, die uns manchmal an unsere Grenzen bringen. Wie gerne würden wir sie vielleicht ignorieren oder aussitzen, aber sie verschwinden nicht von allein. Es gehört Mut dazu, sich mit den eigenen ungeliebten Seiten und den eher unangenehmen Gefühlen, dem eigenen Schmerz und der Trauer auseinanderzusetzen.

Zugleich sind gerade die Situationen, in denen wir mutig sind, meist auch die, an denen wir persönlich wachsen und uns spürbar weiterentwickeln. Wir erleben in diesen Zeiten, welche Kraft und welches Potenzial in uns steckt, und können gute Erfahrungen machen. Wir spüren, dass wir die Herausforderungen des Lebens bewältigen können, und auch, dass wir Hilfe bekommen, wenn wir sie brauchen. Das stärkt unser Selbstvertrauen und unser Vertrauen ins Leben. Mut und Vertrauen sind eng verbunden und verstärken sich gegenseitig. Denn wenn wir auf uns, unsere Mitmenschen und das Leben vertrauen, fällt es uns auch leichter, mutig zu sein, unser Leben beherzt zu leben. Unsere Herzenergie erfüllt unser Leben mit einer positiven Kraft und uns selbst mit Freude.

Dank

Ich danke allen Menschen, die mir ihr Vertrauen schenken und mit mir in Beziehung stehen: meinem Mann, meiner Familie, meinen Freundinnen und Freunden, den Ratsuchenden in meinen Beratungen, den Menschen am Tauschmobil. Ich lerne in jedem Gespräch dazu und erweitere meine Perspektive auf das Leben. Auch ich selbst bin Suchende; auch ich suche mein Glück, meinen ganz persönlichen Schlüssel für ein glückliches, zufriedenes und sinnerfülltes Leben. Mit Euch und Ihnen habe ich gelernt, dass dieser Schlüssel in mir selbst liegt, in meiner Haltung zum Leben und in meiner Fähigkeit, mich mit mir selbst und mit Euch und Ihnen allen zu verbinden.

Ich danke meinen Erstleserinnen und Erstlesern, meinem Mann Christian Spatscheck, meiner Freundin Martina Birenheide und meiner Nichte Sigrun Wetzel. Ich danke Euch für Euren Mut, mir auch kritische Rückmeldung zu geben, womit Ihr mich angespornt habt, Zusammenhänge noch besser zu durchdenken, und für Euer Vertrauen, das mich in meiner Arbeit bestärkt hat. Ich danke Euch für Eure vielfältigen und klugen Anregungen.

Ich danke dem Patmos Verlag und meiner Verlagslektorin, Christiane Neuen. Danke für Ihr Vertrauen, das Sie mir zu einem frühen Zeitpunkt meines Buchprojekts ausgesprochen und in einem Moment von Selbstzweifeln noch einmal bekräftigt haben. Ich danke Ihnen für Ihre Anregungen, die immer wieder Struktur in meine Gedanken brachten.

Nicht zuletzt danke ich meiner Lektorin Marlene Fritsch. Ihre Überarbeitung hat meinen Text klarer hervorgebracht und ihm eine wohltuende Prise Leichtigkeit hinzugefügt.

Anhang

Glossar digitale Medien

Account ist die englische Bezeichnung für Konto und meint allgemein die Konten der Nutzerinnen und Nutzer bei den digitalen Unternehmen.

Algorithmen sind Programme, die automatische Abläufe in Gang setzen, beispielsweise automatisiert ausgewählte Inhalte verschicken.

App ist die Kurzform für den englischen Begriff *application* (= Anwendung) und bezeichnet digitale Anwendungsprogramme.

Chatten (engl.: *to chat* = sich unterhalten) bezeichnet das schriftliche Kommunizieren in Echtzeit.

Community ist die englische Bezeichnung für Gemeinschaft.

Dating-Plattformen (engl.: *date* = Verabredung) sind digitale Plattformen zur Partnersuche.

Fake News (engl.: *to fake* = fälschen) sind falsche Behauptungen, die als Tatsachen dargestellt werden. Umgekehrt können mit dem Begriff Tatsachen diskreditiert werden, indem sie als »Fake News« bezeichnet werden.

Follower (engl.: *to follow* = folgen) sind Menschen, die den Aktivitäten anderer »User« folgen, indem sie deren Veröffentlichungen abonnieren.

Freund ist eine allgemeine Bezeichnung für Kontakt in manchen digitalen sozialen Medien.

Influencer (engl.: *to influence* = beeinflussen) sind Menschen, die ihre Social-Media-Kanäle nutzen, um die Meinung ihrer »Follower« zu beeinflussen. Manche von ihnen haben Verträge mit Firmen, die die beworbenen Produkte finanzieren sowie für die geleistete Werbung in Abhängigkeit von der Anzahl ihrer »Follower« bezahlen.

Link (engl.: *link* = Verbindung) ist eine Verknüpfung, die beim Anklicken auf eine neue Seite im Internet oder auf eine andere Datei führt.

Messengerdienste (engl.: *messenger* = Bote) sind Dienste für Textnachrichten.

Likes (engl.: *to like* = mögen) ist eine Funktion in den digitalen Medien, um einen Inhalt mit einem Klick und für andere sichtbar positiv zu bewerten.

Podcasts (engl.: *pod* = Kapsel, Hülse, *broadcast* = Sendung) sind thematische Audiosendungen.

Posten (engl.: *to post* = aushängen, bekanntgeben) ist die allgemeine Bezeichnung dafür, einen Inhalt digital zu veröffentlichen. Ein »Post« ist eine digitale Veröffentlichung jeglicher Art (Textnachricht, Foto, Videoclip o. a.).

Pushfunktionen (engl.: *push* = Schubs, Stoß) sind akustische und visuelle Signale, die neu eingehende Nachrichten umgehend ankündigen beziehungsweise anzeigen.

Shitstorm (engl.: *shit* = Scheiße, Dreck, *storm* = Sturm) ist eine sehr starke, bisweilen auch beleidigende Kritik in Form massenhafter »Posts« oder Mails.

Streamingdienste (engl.: *to stream* = strömen, fließen) bieten ihre Produkte wie z. B. Filme oder Musik online im Abonnement an. Gegen eine monatliche Gebühr oder Werbung können die Produkte jederzeit und unbegrenzt »gestreamt«, also heruntergeladen und konsumiert werden.

Web 2.0 (engl.: *web* = das Netz) ist das Internet der sogenannten zweiten Generation, bei der die Nutzerinnen und Nutzer den Inhalt gemeinsam erschaffen.

User (engl.: *to use* = nutzen) ist die allgemeine Bezeichnung für Menschen, die die digitalen Medien nutzen.

Workouts (engl.: *workout* = Training) sind sportliche Übungsanleitungen, z. B. in Form von Videoclips.

Anmerkungen

1 Paech prägte für die Entscheidung zur Selbstbegrenzung den Begriff der Suffizienz. Vgl. dazu Folkers und Paech (2020), S. 124ff.

2 Bereits 1974 wies Richard Easterlin durch eine Metastudie nach, dass eine Zunahme des Einkommens ab einer gewissen Schwelle nicht zu einem höheren Glücksempfinden der Menschen beiträgt (»Easterlin Paradox«), vgl. Easterlin (2001).
Die beiden Nobelpreisträger Daniel Kahnemann (Psychologe) und Angus Deaton (Ökonom) ermittelten in einer US-amerikanischen Studie, dass Einkommenserhöhungen bis zu der Schwelle von 75000 Dollar Jahreseinkommen (etwa 60000 Euro) das persönliche Glücksgefühl steigerten, dass aber Erhöhungen des Einkommens darüber hinaus diesen Effekt nicht mehr auslösten. Diese Zahl wird von verschiedenen Wissenschaftlern und Journalisten auf Deutschland übertragen. Sie ist jedoch ein Durchschnittswert, die individuelle

Schwelle kann davon abweichen. Zum Stand der Glücksforschung siehe auch Glücksforscher Prof. Dr. Karlheinz Ruckriegel (2022).

3 Fromm (2021), S. 33ff.

4 In meinem Ratgeber: »Tausche Chaos gegen Leichtigkeit« gehe ich näher auf das Thema des Abschiednehmens ein. Rimmele (2015), S. 74ff.

5 Hess (2018), S. 123.

6 Ein Glossar zu den englischen Begrifflichkeiten in diesem Kapitel finden Sie am Ende des Buches. Für diese nutze ich hier, wie im Englischen üblich, das generische Maskulinum.

7 Ein Beispiel dafür ist Marie Sassenberg auf Instagram: @wellshesassy, die auch über schwierige Aspekte und unangenehme Erfahrungen in den Bereichen Feminismus, Körperbild, Sex oder Therapie berichtet.

8 Thomas Hummel (2022) veröffentlichte in der Süddeutschen Zeitung bereits 2017 Tipps unter dem Begriff »Digital Detox«.

9 Für Wilhelm von Humboldt war Bildung der Weg des Individuums zu sich selbst. Wesentliche Aspekte sind seiner Ansicht nach die Prägung der eigenen Individualität, die Ausbildung der eigenen Kräfte zu einem Ganzen (Totalität) sowie eine Universalität der Bildung im Sinn einer Allgemeinbildung, die über spezifisches Fachwissen hinausreicht. Vgl. dazu Gudjons (2020), S. 95.

10 Als Beispiel möchte ich hier die Pisa-Studien nennen, die regelmäßig feststellen, dass unser schulisches Bildungssystem Ungleichheiten verschärft, vgl. OECD (2022a) und OECD (2022b).

11 Zur eingehenden Auseinandersetzung mit der seelischen Problematik des Helfens verweise ich auf Schmidbauer (2013): Hilflose Helfer.

12 Vergleiche dazu Bode (2021b), S. 151ff. Die wohl einflussreichste Vertreterin dieses Erziehungsstils war die Ärztin Johanna Haarer. Ihr Schwangeren- und Säuglingspflegeratgeber »Die deutsche Mutter und ihr erstes Kind« fand große Verbreitung. Mütterliche Gefühle bezeichnete sie als »Affenliebe«. Ihr Werk wurde in einer von nationalsozialistischer Propaganda bereinigten Fassung teilweise noch bis in die 1970er-Jahre in Berufs- und Fachschulen eingesetzt und stand in den meisten Haushalten der Bundesrepublik im Regal.

13 Das autoritäre Erziehungsideal blieb in weiten Bevölkerungsteilen bis in die 1970er-Jahre vorherrschend. Die 68er-Generation stellte dem die antiautoritäre Erziehung gegenüber, die sie beispielsweise in der Kinderladenbewegung umsetzte. Vgl. dazu Bode (2021a), S. 175ff.

14 Knuf (2013), S. 36ff.

15 Während die Quote der Abiturientinnen und Abiturienten 1992 noch bei rund 30% lag, liegt sie laut Bundesministerium für Bil-

dung und Forschung (2022) seit 2011 kontinuierlich bei über 50% aller Schulabgängerinnen und Schulabgänger.

16 Bonelli (2019), S. 53ff.

17 Nuber (2016), S. 61.

18 Rimmele (2015), S. 46.

19 Bonelli verwendet dafür den Begriff der Imperfektionstoleranz: Bonelli (2019), S. 295ff.

20 Ebd., S. 308.

21 Schmid (2012), S. 67.

22 Ley (2013), S. 185.

23 Knuf (2013), S. 61.

24 Ebd., S. 60f.

25 Ebd., S. 61.

26 Fromm (2017), S. 59.

27 Vgl. Schallberger (2012), S. 36.

28 Frankl (1994), S. 27.

29 Rimmele (2020).

30 Zitiert nach Tho (2018), S. 106.

31 Literaturempfehlung: Riccho (2017) beschreibt sehr empathisch die Tatsache, dass Menschen nicht immer freundlich und loyal sind, und wie wir damit umgehen und uns und andere annehmen können.

32 Vgl. Knuf (2013), S. 38ff.

33 Küstenmacher (2006).

34 Kumar (2019), S. 55. Übersetzung der Autorin.

35 Vgl. Stangl (2022).

36 Literaturempfehlung zum Achtsamkeitstraining: Kabat-Zinn (2015).

37 Zur Unterscheidung von Schuld und Verantwortung sowie in meinen weiteren Ausführungen zum Thema Schuldgefühle und die Fähigkeit, zu verzeihen, beziehe ich mich u. a. auf Röhr (2015), S. 179ff.

38 Diese Übung habe ich bei der Chan Mi Qi Gong-Lehrerin Ulla Twenhövel kennengelernt, www.chanmigong-im-norden.de. Zur Auseinandersetzung mit Chan Mi Qi Gong empfehle ich Stummvoll (2002).

Literatur

Bode, Sabine (2021a): Kriegsenkel: Die Erben der vergessenen Generation. Klett-Cotta, Stuttgart, 29. Auflage

Bode, Sabine (2021b): Die vergessene Generation: Die Kriegskinder brechen ihr Schweigen. Klett-Cotta, Stuttgart, 39. Auflage

Bonelli, Raphael M. (2019): Perfektionismus. Wenn das Soll zum Muss wird. Droemer, München

Bundesministerium für Bildung und Forschung (2022): https://www.datenportal.bmbf.de/portal/de/Tabelle-2.3.16.html vom 06.02.2022

Easterlin, Richard (2001): Income and Happiness: Towards a Unified Theory. The Economic Journal, 111, S. 465–484

Frankl, Viktor E. (1994): Der Wille zum Sinn. Piper, Bern, erweitere Neuausgabe 1991, 2. Auflage

Folkers, Manfred; Paech, Niko (2020): All you need is less. oekom, München

Fromm, Erich (2017): Authentisch leben. Herder, Freiburg im Breisgau

Fromm, Erich (2021): Haben oder Sein. Die seelischen Grundlagen einer neuen Gesellschaft. dtv, München, 49. Auflage

Gudjons, Herbert (2020): Pädagogisches Grundwissen. Klinkhardt, Bad Heilbrunn, 13., aktualisierte Auflage

Hess, Sebastian (2018): Wie definiert sich Glück? Interview mit dem Psychoanalytiker Dr. Rainer Funk, in: einfach sein, 2/2018, S. 122–123

Hummel, Thomas (2022): Digital detox: Sieben Tipps zur digitalen Entgiftung: https://www.sueddeutsche.de/leben/digital-detox-sieben-tipps-zur-digitalen-entgiftung-1.3754567, abgerufen am 15.01.2022

Kabat-Zinn, Jon (2015): Das Abenteuer Achtsamkeit. Wie Sie Weisheit für Körper, Geist und Seele entwickeln. Arbor, Freiburg im Breisgau

Knuf, Andreas (2013): Ruhe, ihr Quälgeister. Wie wir den Kampf gegen unsere Gefühle beenden können. Arkana, München

Kondo, Marie (2013): Magic Cleaning. Wie richtiges Aufräumen Ihr Leben verändert. Rowohlt, Reinbek bei Hamburg

Küstenmacher, Werner Tiki (2006): Simplify your life. Einfacher und glücklicher leben. Campus, Frankfurt/New York, 15. Auflage

Kumar, Satish (2019): Elegant Simplicity. The Art of Living Well. New Society Publishers, Gabriola

Ley, Katharina (2013): Loslassen und neu beginnen – Die Kunst des Beendens, in: Reddemann, Luise (Hg.): Zeiten des Wandels. Die kreative Kraft der Lebensübergänge, Kreuz, Freiburg im Breisgau, S. 185–193

Nuber, Ursula (2016): Perfekt ist langweilig, in: Psychologie heute compact, Heft 45, Beltz, Weinheim, S. 58–61

OECD (2022a): https://www.oecd.org/berlin/themen/pisa-studie/, abgerufen am 06.02.2022

OECD (2022b): https://www.oecd.org/berlin/presse/pisa-studie-2018-leistungen-in-deutschland-insgesamt-ueberdurchschnittlich-aber-leicht-ruecklaeufig-und-mit-grossem-abstand-zu-den-spitzenreitern-03122019.htm, abgerufen am 06.02.2022

Paech, Nico (2012): Befreiung vom Überfluss. Auf dem Weg in die Postwachstumsökonomie. oekom, München

Richo, David (2017): Fünf Dinge, die wir nicht ändern können und das Glück, das daraus entsteht. Windpferd, Oberstdorf, 4. Auflage

Rimmele, Gabi (2020): Die Krux mit dem Ehrenamt – und warum es sich dennoch lohnt. epubli

Rimmele, Gabi (2015): Tausche Chaos gegen Leichtigkeit. So entrümpeln Sie Ihr Leben. Patmos, Ostfildern

Röhr, Heinz-Peter (2015): Die Kunst, sich wertzuschätzen – Angst und Depression überwinden – Selbstsicherheit gewinnen. Patmos, Ostfildern, 5. Auflage

Rosenberg, Marshall B. (2004): Gewaltfreie Kommunikation. Eine Sprache des Lebens. Junferman, Paderborn, überarbeitete und erweiterte Neuauflage

Ruckriegel, Karlheinz (2022): Glücksforschung – Erkenntnisse und Konsequenzen für die Zielsetzung der (Wirtschafts-)Politik. https://archiv.ruckriegel.org/papers/02-Ruckriegel-Endfassung.pdf, abgerufen am 15.01.2022

Schallberger, Urs (2012): Flow – das Aufgehen im Tun, in: Steinebach, Christoph, Jungo, Daniel, Zihlmann, René (Hrsg.): Positive Psychologie in der Praxis. Anwendung in Psychotherapie, Beratung und Coaching. Beltz, Weinheim, S. 36–43

Schmid, Wilhelm (2012): Was uns tröstet, in: Psychologie Heute, August 2012, 39. Jahrgang, Heft 8

Schmidbauer, Wolfgang (2013): Hilflose Helfer. Über die seelische Problematik der helfenden Berufe. Rowohlt, Reinbek bei Hamburg, 19. Auflage

Stangl, Werner (2022): Multitasking – eine Illusion. Pädagogik-News. https://paedagogik-news.stangl.eu/multitasking-eine-illusion, abgerufen am 06.02.2022

Steinebach, Christoph (2012): Resilienz, in: Steinebach, Christoph, Jungo, Daniel, Zihlmann, René (Hrsg.): Positive Psychologie in der Praxis. Anwendung in Psychotherapie, Beratung und Coaching. Beltz, Weinheim, S. 95–101

Stummvoll, Ursula (2002): Chan Mi-Qigong: Das Wirbelsäulen-Qigong aus der buddhistischen Zen- und tibetischen Mi-Schule. Die Basis-Übungen. RiWei, Regensburg

Tho, Dr. Ha Vinh (2018): Grundrecht auf Glück. Bhutans Vorbild für ein gelingendes Miteinander. Nymphenburger, Stuttgart, 6. Auflage